新版

日本語⇒韓国語

口（くち）を鍛える韓国語作文

—語尾習得メソッド—

中級編

白姫恩＝著

コスモピア

本書執筆にあたって（前書にかえて）

本書の初級編である『新版 口を鍛える韓国語作文―語尾習得メソッド―初級編』では語尾を中心としたスピーキングトレーニングの練習をしっかり行ったので、語尾に関する理解はある程度定着し、韓国語での会話の感覚を身につけることができていることと思います。

『初級編』ではスピーキングの上達を早める方法として、最初に「ヨ体」を、その後に「ニダ体」を勉強するような仕組みにし、韓国語会話でもっとも重要な終結語尾の基礎学習を行ったのですが、中級編では「ヨ体」や「ニダ体」としてしか使わない表現以外は８個の例文に「ヨ体」と「ニダ体」を同時に学習できるようにしています。そして、終結語尾はもちろん、連結語尾、否定表現や敬語を含めてより多様な表現と語尾を学習できるように構成しました。また、初級編では文法の基礎を定着させるため意図的に避けていた「変則」も着実に学習できるように掲載しましたので、中級編では「変則」のトレーニングもしっかり頑張りましょう。

しかし、初級編であれ、中級編であれ、基本文法のポイント・語尾のポイントは共通しているので、基本のルールさえしっかり覚えていれば順調に上達できると思います。一つの課に掲載されている８個の例文は会話のバリエーションの多様化と学習効率上昇を目指して、主に「短い文→長い文」にして掲載しました。もちろん、同じ課の中なら文の長さに問わず自分が興味を持っている内容や理解しやすい文、使用する確率が高い文から学習しても構いません。

初級編の前書きでも強調したように、実際の場での使用率が高い表現や例文を用いて文法もしっかりおさえながらスピーキングトレーニングができるように心がけましたので、実際のコミュニケーションの場で使うことを常に想定しながら、直ちにコードスイッチングができるように根気強く頑張っていきましょう！

本書が皆さんの韓国語力向上の一助になることを願っています。

初級編に続き、中級編でもコスモピアの坂本社長、田中氏には大変お世話になりました。この場を借りて深い感謝の意を記させていただきたいと思います

情熱「白」先生

白 姫恩

中級編へようこそ！

前作「新版 口を鍛える韓国語作文―語尾習得メソッド―初級編」では作文だけではなく、スピーキング能力・会話能力を育てるための重要文法と実用性が高い会話の表現もいっしょに学習できたのではないかと思います。

中級編でも、初級編で強調した内容のバリエーションを増やしていくだけなので、基本的な文法や規則・学習方法も同じだと思って下さい。

初級編よりレベルアップした多様な表現を直ちにコードスイッチングできるようにし、１課ごと進めていきましょう！

まずは中級編をスタートする前にお願いがあります。

初級編の２つの代表的な基本語尾の規則（本書の*p.*15）を改めてチェックして、その内容をきちんと理解しているのかを確認してから中級編に進むことをおすすめします。

ＰＡＲＴ１では終結語尾を中心に学びます。

ＰＡＲＴ２とＰＡＲＴ３では連結語尾（先行の文と後続の文をつなぐ役割を担う語尾）と韓国語の代表的な文法の一つ

である現在連体形を中心に複文（二つ以上の単文を組み合わせて構成した文）を多く扱っています。この部分で語尾だけでなく、構文習得・文法習得ができ、シャドーイング・コードスイッチングを行うことでスピーキング能力が定着できるようにしていきます。

ＰＡＲＴ４では否定・敬語の表現を学びます。

以上の手順でこれらの４つのパートを学習することで、さらに幅広い運用力の習得が予想されます。

目 次

Part 1 韓国語の語尾を理解した上で作文してみよう！

Part 2 多様な“語尾”をマスターしよう！

Part 3 実用性の高い重要文法でレベルアップしよう！

Part 4 否定・敬語の表現でバリエーションを増やそう！

コラム

» 本書コンセプトの紹介

本書は、次の３点をねらいとして執筆しました。

① 韓国語の語尾を理解した上で、韓国語の作文を行う。
② 日本語から韓国語へ変換するトレーニングにより、スピーキング能力を鍛え、日本語で一度翻訳してから韓国語に変換して言うのではなく、直にコードスイッチング（コードの切り替え）ができることを目標とする。
③ 実用性の高い７５課６００例文の中で習得する。

本書は『新版口を鍛える韓国語作文―語尾習得メソッド―初級編』の続編です。中級編では単語や表現の訳だけではなく、理解や暗記を助けるため直訳も掲載するようにしています。韓国語と日本語は近似言語と言えるので、発音・文法・表現など共通する部分が多いのです。このような共通点を生かし、直訳や発音で意味を推測することは韓国語の学習動機にも肯定的な影響を与えると思います。

そして、韓国語の学習レベルが上がり、いろんな表現を学習すると、どうしてもまったく同じ日本語の表現が見つからないことも増えてきます。何とか訳すことはできるとしても、韓国語の意味と 100%同じ意味で感情を伝えるには無理があると思います。そのため、もっとも自然な韓国語を駆使するために今回の中級編では、語尾の知識だけではなく、語尾のニュアンスや文脈からのニュアンスも理解できるように心掛けましょう！

初級編でも強調しましたが、「難しい」「できない」という気持ちではなく、「できる」「前より聞こえてきた」「これからも楽しく勉強できそう」など肯定的なマインドを持ちながら、本書の例文を反射的にコードスイッチングができるように練習して下さい。車の中で本書の音声を流すなど普段から韓国語の環境を作ることや音声を聴いてそのまま1，2秒以内に瞬間的に韓国語で言う積極的な努力をおすすめします。

そのうち、韓国の方との会話などを含めて、実践の場でかなりの進歩が実感できると思います。

「文の構造と文法理解」という中で、本書では特に語尾体系に対する理解を重視しています。初級編で主に学習した代表的な2つの語尾の規則は中級編の学習の基礎となるでしょう。

初級編で主に学習した代表的な2つの語尾は以下の通りです。

パターン1

語幹の最後（다の前の文字）に「パッチム」の有無により変化する語尾

- 前の語にパッチムがない場合：「パッチム」なし ＋ **ㅂ니다**
- 前の語にパッチムがある場合：「パッチム」あり ＋ **습니다**

パターン2

語幹の最後（다の前の文字）に「ㅗ」か「ㅏ」の有無により変化する語尾

- 語幹の最後（다の前の文字）に「ㅗ」か「ㅏ」あり ＋ **아요**
- 語幹の最後（다の前の文字）に「ㅗ」か「ㅏ」なし ＋ **어요**

次に、各パートの内容紹介をします。

PART1 「韓国語の語尾を理解した上で作文してみよう！」

PART1「韓国語の語尾を理解した上で作文をしてみよう！」ではより多様な「終結語尾」を学んでいきます。初級編に続き、韓国語の日常会話でもっともよく使用されている終結語尾を厳選して掲載しました。

【終結語尾】

例）**친구야！고맙다 . – 뭘 . 우린 친구잖아 .**

友よ！ありがとう！ - 何を（言っているの？）私達は友達でしょう。

일본어 메뉴는 없나요？

日本語メニューはありませんか？

【変則】

本書では日常会話でもよく使用されている以下の変則を中心に掲載しています。

例）요体にする場合

種類		例
ㅂ変則 （例：**가깝다**）	ㅂ다を脱落し、**워요**を付けるだけ！ ⇒**ㅂ**変則用言は母音で始まる語尾がつく時、**ㅂ**が脱落し、母音**우**が加わる。**요**体にする時は、**우**の後には必ず**어요**が続くので、**워요**が付くと覚えておくとカンタン！ ※例外的に**돕나**（助ける：動詞）＋**와**⇒**도와요**、 **곱다**（きれいだ：形容詞）＋**와**⇒**고와요**になる。	基 **가깝다** **가깝＋ 워요**（**우＋어요**） （ㅂ 脱落） ⇒**가까워요** 例外＞**좁디**（狭い）等のように規則的な活用もある。
ㄹ変則 （例：**멀다**）	**ㄹ**がある文字の母音に**ㅗ**か**ㅏ**が　ある⇒＋**아요** ない⇒＋**어요**	基 **멀다** **멀＋어요⇒멀어요**
르変則 （例：**빠르다**）	**르**の前に**ㅗ**か**ㅏ**が　ある⇒**르다**を脱落→＋**ㄹ라요** ない⇒**르다**を脱落→＋**ㄹ러요**	基 **빠르다** **빠르＋ㄹ라요⇒빨라요** （르 脱落） 例外＞**따르다**（従う）⇒**따라요**等のように規則的な活用もある。
으変則 （例：**슬프다**）	**ㅡ**の前の文字に**ㅗ**か**ㅏ**が　ある⇒**ㅡ다**を脱落→＋**아요** ない⇒**ㅡ다**を脱落→＋**어요**	基 **슬프다** **슬프＋어요⇒슬퍼요** （ㅡ 脱落）

			形容詞	動詞
ㅂ変則			**가깝다**（近い） **아름답다**（美しい） **고맙다**（ありがたい） **어렵다**（難しい） **맵다**（辛い） **가볍다**（軽い） **그립다**（懐かしい） **덥다**（暑い） **춥다**（寒い） **즐겁다**（楽しい）	**굽다**（焼く） **눕다**（横たわる） **줍다**（拾う）
ㄹ変則	ㄹがある文字の母音にㅗ，ㅏが	ある	**달다**（甘い） **잘다**（細かい）	**살다**（住む） **놀다**（遊ぶ） **팔다**（売る） **돌다**（回る） **알다**（知る、分かる）
		ない	**멀다**（遠い） **힘들다**（きつい） **길다**（長い）	**열다**（開く） **불다**（吹く） **걸다**（かける） **밀다**（押す） **울다**（泣く） **만들다**（作る） **들다**（挙げる） **벌다**（稼ぐ）
르変則	르の前にㅗ，ㅏが	ある	**다르다**（違う） **빠르다**（速い）	**자르다**（切る） **오르다**（上がる） **마르다**（乾く） **모르다**（知らない） **고르다**（選ぶ）
		ない	**이르다**（早い）	**부르다**（呼ぶ） **흐르다**（流れる） **기르다**（育てる） **누르다**（押さえる） **두르다**（巻く）
으変則	ㅡの前の文字にㅗ，ㅏが	ある	**아프다**（痛い） **나쁘다**（悪い） **바쁘다**（忙しい） **고프다**（空腹だ）	**따르다**（従う、そそぐ） **모으다**（集める）
		ない	**예쁘다**（かわいい） **슬프다**（悲しい） **기쁘다**（嬉しい） **크다**（大きい） **쓰다**（苦い）	**쓰다**（書く、使う） **들르다**（立ち寄る） **뜨다**（浮く） **끄다**（消す）

※基本形が～**르다**で終わるほとんどの単語は**르**変則であるが、例外もある。（例：**따르다**など）

※**으**変則：語幹が‘**ㅡ**’で終わる用言。
例外として**르**変則に見えるが**으**変則のものもある。（例：**따르다**　従う、〔液体を〕注ぐなど）

※韓国語を書くときは**띄어쓰기**（分かち書き：文章を書く際に、単語と単語の間にスペースを空けて分けて書くこと）にも注意しましょう。しかし、原則が決まっていても別の表現を許容して両方使う場合も少なくありません。
Chapter73の **전해 주다**（原則）**전해주다**（許容）のように、本書では学習者の語尾の理解のため、まとめて基本形を書く場合がある。
基本形（**전해**）**주다**➡語幹（**전해**）**주**＋語尾**세요**

PART2 「多様な“語尾”をマスターしよう！」

PART2「多様な“語尾”をマスターしよう！」では連結語尾を中心に学びます。
連結語尾はある文の叙述語や用言を連結形にして、他の文や用言とつなぐ語末語尾のことをいいます。

例えば、韓国語では日本語の「〜て」「〜して」にあたる表現には「〜고」か「〜아 / 어서」が頻繁に使われています。
(日本語の「〜て」「〜して」にあたるこの韓国語の表現は、多くの場合「〜고」か「〜아 / 어서」の２種類になるので、文脈と一緒にチェックするのをおすすめします。)

例）**친구는 은행에 가고 저는 한국어교실에 갔습니다.**
友達は銀行に行って、私は韓国語教室に行きました。

아침에 일어나서 세수를 했습니다.
朝起きて、顔を洗いました。

終結語尾では単文（一つの文）を中心に学習したのですが、連結語尾を学習することで複文（二つ以上の文）の理解が可能になります。
すなわち、よりたくさんの内容を瞬時に理解できるようになるということです。

PART3 「実用性の高い重要文法でレベルアップしよう！」

PART3「実用性の高い重要文法でレベルアップしよう！」では韓国語では欠かせないもっとも重要な文法の一つとも言える「連体形(用言に付いて後の語を修飾する役割をする語尾)」について学びます。今回の中級編では連体形の中でも現在連体形を中心に学習していきます。※連体形は「名詞をわかりやすく、具体的に飾る役割をしている」と思って下さい。

①形容詞・指定詞の現在連体形：語幹 + **ㄴ / 은**

例）**좋은 차네요 .** いい車ですね。

예쁜 여자가 좋습니까 ? 可愛い女の子が好きですか？

例）**주부인 니시노씨는 뭐든지 열심이에요 .**
主婦である西野さんは何でも一生懸命です。

②動詞・存在詞の現在連体形：語幹 + **는**

例）**사귀는 사람 있어요 ?** 付き合っている人（は）いますか？

※韓国人の名字と名前は区別しやすので、一般的にはマスをあけずに書く。
例）김수현　キム・スヒョン

※名字の後に肩書がくる場合は、マスを空ける方が正しい。例）김 박사님　キム博士
しかし、本書では理解を高めるため、一つの呼び方としてマスをあけずに表記する場合もある。
例）백선생님　白 (ペク) 先生

PART4 「否定・敬語の表現でバリエーション を増やそう！」

例）

무리하지 마세요.
無理しないで下さい。

운명의 상대를 만나지 못했어요.
運命の相手に会うことができませんでした。

안녕히 주무세요. お休みなさい

맛있게 드셨어요? 美味しく召し上がりましたか？

몸은 괜찮으십니까? お体は大丈夫ですか？

PART4 以外でも敬語が使われています。

例）～から：**한테서, 에게서** →（敬語）**께**

백선생님께 한국어를 배웠습니까? ペク先生から韓国語を学びましたか？

⇕ **比較**

친구한테서 책을 빌렸습니다. 友達から本を借りました。

※韓国での「友達」は、一般的に同じ年・同じ学年の人を意味します。

【本書の表記について】

※元の単語の語幹に(으)시が入る形で尊敬を表す単語の場合、基本形を오시다ではなく오다にする。

오다⇒오 + 십시오

※形がまったく違う尊敬語(있다「ある、いる」→계시다「いらっしゃる」)の場合、

계시다⇒계(시)+ 십시오

作文を始める前に

1）語尾の学習においてもっともよく出てくる文法用語をチェック！

用言	韓国語の用言には、動詞・形容詞・存在詞・指定詞があります。 ・動詞　가다(行く)　오다(来る)　하다(する)　먹다(食べる)など。 ・形容詞　좋다(よい)　나쁘다(悪い)など。 ・存在詞　있다(いる·ある)　없다(いない·ない) ・指定詞　이다(である)　아니다(違う)
語幹	用言の活用（用言など語尾が変化する語句）での変化しない部分、「基本形から다をとった部分」 ※本書の中でよく出てくるのが、「語幹の最後に」という用語ですが、これは「用言の基本形の다の前の文字に」ということです。 （「語幹の最後に」＝「用言の基本形の다の前の文字に」）
語尾	用言の活用（用言など語尾が変化する語句）での変化する部分
終結語尾	その文を完成させて言い切りの形態（終結形）を作る語尾。
連結語尾	ある文の叙述語や用言を連結形にして、他の文や用言とつなぐ語末語尾。 （対等的連結語尾→二つの文を対等につなぐ機能をもつ。例）- 고 ,- 지만 ,- 면서など） （従属的連結語尾→前の文を後の文に従属な関係でつなぐ機能をもつ。例）- 서 , - 는데 , - 면 , - 니까など）
尊敬語（敬語）	自分より年上や地位の高い人に対する敬意を表す語。

パンマル	「パン반＝半分、マル말＝言葉」のことで、友達や年下に対して使うぞんざいな言葉。ヨ体の「요」を取るだけで、パンマル반말になる。本書では **パンマル** マークを使う。
基本形	動詞、形容詞などの原形となる形で、一般的に「～다」で終わる形。この本では 基 のマークを使う
連体形	用言に付いて後の語を修飾する役割をする語尾。 例）- ㄴ , - 은 , - ㄹ , 을 , - 는など。

2）ニュアンスの理解

※文章の中で「～は、～を、～の」などの助詞が省略されるケースもあります。

※**日本語では「～は」**の方が自然な文も、**韓国語では「～が」**を表す「가 / 이」を使った方が自然なものがあります。

※**自然さを重視した日本語訳**と**元の韓国語をいかした直訳**も一緒に掲載している場合があります。両方の訳をチェックし、**文脈のニュアンス**も理解できるようにしていきましょう。

※日本語で「～している」のような表現が韓国語では「～する」のように表現する場合が多いので注意！

例）34 課

日本語		韓国語
愛しているから 別れることができません。	⇒	사랑하니까 못 헤어져요！ （愛するから別れることができません。

3）現在連体形の規則をチェック！

	パッチム	回想（大過去）	過去	現在	未来
形容詞・指定詞	無	던	던	ㄴ	ㄹ
	有			은	을
動詞	無		ㄴ	는	ㄹ
	有		은		을
存在詞	有		던		을

※現在連体形以外については本シリーズの「上級編」でより詳細に学習します。

【変則の形容詞・動詞の現在連体形の作り方】

	形容詞	動詞
ㅂ変則	ㅂパッチム脱落＋우＋ㄴ （우＋ㄴ→운）	ㅂパッチム脱落＋우＋ㄴ （우＋ㄴ→운）
ㄹ変則	パッチム脱落＋ㄴ	パッチム脱落＋는

①形容詞・指定詞の現在連体形：語幹＋ㄴ / 은

例）形容詞（パッチムなし）

깨끗하다（清潔だ）⇒깨끗한 호텔（清潔なホテル）

例）指定詞

회사원이다（会社員である）⇒회사원인 하야시씨（会社員である林さん）

②動詞・存在詞の現在連体形：語幹＋는

例）모르다（知らない・分からない）⇒모르는 사람（知らない人）

４）重要な尊敬語（敬語）表現をチェック！

～が「～가 / 이」	「께서」
～に「～에게」「～한테」	「께」
年（年齢）「나이」（直訳：연령」	「연세 / 춘추」（お年）
お父さん「아버지」	「아버님」お父様
お母さん「어머니」	「어머님 」お母様
言葉「말」	「말씀」お言葉
ごはん「밥」	「진지」お食事
息子「아들」	「아드님」ご子息
娘「딸」	「따님」お嬢様
食べる「먹다」	「드시다 / 잡수시다」召し上がる
飲む「마시다」	「드시다」召し上がる
寝る「자다」	「주무시다」お休みになる
死ぬ「죽다」	「돌아가시다」お亡くなりになる
見る、会う「보다」	「뵙다」お目にかかる
尋ねる「묻다」	「여쭙다」伺う
あげる「주다」	「드리다」差し上げる
いる「있다」	「계시다」いらっしゃる

★ 一般的に基本形の「～다」の前に“(으)시”を入れると思って下さい。

パッチムあり⇒ ～으시＋다
パッチムなし⇒ ～시＋다

例＞ 오시다 ⇒ 오 ＋ 시 ＋ 다
動詞の語幹 ＋ 先語末語尾（以前は補助語幹） ＋ 語末語尾

★日本では自分の社内の人を外部の人に話す場合、自分より目上の人や上司だとしても、自分の会社の人の名字の後に「～さん」を省略して言う人もいますが、韓国では自分からみて敬語を使うべき対象の場合は聞き手に関係なく「～さん」や「肩書」を入れ、敬語を使います。

トレーニングの進め方

〔学習は１課ごとに進めましょう〕

ステップ１　学習内容と文法をチェック

タイトル（左ページ上）と「文法をおさえよう」（右ページ上）をみて、学習内容と文の語尾・文法を確認します。ここで、どの点が習得すべき事項となるのか大まかな部分を把握します。

ステップ２　左ページ日本語文を見て韓国語作文をする

各課のタイトルとポイントを確認した後に例文に移ります。まず例文一つずつに際し次の作業を行います。

（ⅰ）日本語文を確認。

（ⅱ）自分で文を考えてみる（もしも思い浮かばなければ、すぐに（ⅲ）の作業に移る）。

（ⅲ）韓国語文を確認してみる。

この時点で、学習者の皆さんご自身の考えついた文と照らし合わせてみて、正解なのか否かを確認します。間違った部分や思いつかなかった部分があれば【文法をおさえよう】や【補足メモ】の解説を照合しながら理論的に理解を深めていきます。

ステップ3 韓国語文を音読する

まずは、**1～8の文について日本語文と対照しながら韓国語文を音読**していきます。この際、音声を聴き、韓国語のリズムを確認しながら読んでいくと、発音やイントネーションが理解しやすくなります。8つの文すべてに対して詰まることなく読めるようになったことを確認したら、次の練習に移ります。

ステップ 4 音声の日本語文を聴いて反射的に韓国語文に変換する

日本語文を聴いて、反射的に韓国語文に変換していく練習を行います。

間違いや詰まる部分がなくマスターできれば、その課はクリアと考えて結構です。もしも変換できない文があれば、変換できるまで練習をしましょう。

ステップ 5 音声を聴いてシャドーイングをする

文を瞬時に変換できるレベルに達した（基本構文が口に染み付いた）後、仕上げとして自然なイントネーションを確認しながら発音します。狙いは、自然な韓国語の発音を定着させ、ネイティブらしいイントネーションを身につけていくことにあります。**文の構造と意味を噛みしめながら、音声について声を出す作業（シャドーイング）を行います。**耳と口、そして理論（脳）という総合的側面からしっかりとした理解を固め、ネイティブらしい韓国語を身につけていきます。

トレーニングの注意点

1　大きな声を出して練習しよう

本書はペーパーテストの練習ではなく、**スピーキング力を高める**ための本です。ですので、練習を行う際には、大きな声で読んでいくことが大切です。これは語学学習の中で昔から言われてきたことですが、本書でも同様のことを強調させていただきます。**近年は脳研究の立場からも、声を出して練習する場合の脳の働きは、黙読するよりもはるかに脳の働いていることが報告されています。**単純な話ですが、間違いを恐れずに大きな声で読んでいきましょう。

2 リズムを意識しよう

外国語学習の初級段階では「発音が重要だ」と言われてきたことと思います。正しい発音、きれいな発音というのは重要な要素ではあります。ただし、あまり１つ１つの発音に捉われすぎると返って構文習得の妨げともなりえます。ヒトの認知構造はある物を**まとまり（チャンク）**として捉える機能が備わっています。よって正しい発音であっても、それがどういうチャンクの中で発せられているのか認識できなければ、その意味が相手にも伝わらなくなります。その点から考えても、流れるリズムという点に意識するといいでしょう。**単語１つ１つ細切れにならないように、できるだけリズミカルに読んでいきましょう。**単語間の息継ぎにあまり長い時間をかけすぎないようにしましょう。

3 すべての文を完璧にマスターしよう

冒頭でもお話しした通り、本書は文法的な体系をしっかり理解し、韓国語コミュニケーションで必要とされる基本構文をスムーズに産出できるようになることを目標としています。しっかり文を習得できているか否か、文の一言一句に間違いや詰まった部分があればしっかりチェックし、修正しましょう。

[無料] 音声ダウンロードの方法

方法 1 ストリーミング再生で聞く場合

面倒な手続きなしにストリーミング再生で聞くことができます。

※ストリーミング再生になりますので、通信制限などにご注意ください。
また、インターネット環境がない状況でのオフライン再生はできません。

このサイトにアクセスするだけ！ https://ux.nu/SR4XN

❶ 上記サイトにアクセス！
スマホなら QR コードをスキャン

❷ アプリを使う場合は SoundCloud にアカウント登録（無料）

方法 2 パソコンで音声ダウンロードする場合

パソコンで mp3 音声をダウンロードして、スマホなどに取り込むことも可能です。（要アプリ）

下記のサイトにアクセス

https://ux.nu/zTEPj

音声は PC の一括ダウンロード用圧縮ファイル（ZIP 形式）でのご提供です。解凍してお使いください。

音声ファイル番号表

FILE	内容	ページ
1	~요体の過去形	36
2	~요体の過去形レベルアップ	38
3	~요体の変則①（ㅂ変則、ㄹ変則）	40
4	~요体の変則②（르変則、으変則）	42
5	~니다体の過去形	44
6	~니다体の過去形レベルアップ	46
7	~니다:変則①（르変則、으変則）	48
8	~니다:変則②（ㅂ変則、ㄹ変則）	50
9	~아/어지다	52
10	~게 되다	54
11	~기(가) 쉽다	56
12	~기 어렵다	58
13	~기 시작하다	60
14	~기 바라다	62
15	~기로 하다	64
16	~잖아(요)	66
17	~거든(요)	68
18	~았/었거든(요)	70
19	~다고(요)	72
20	~나요? / ~ㄴ(은)가요?	74
21	~(으)시지요	76
22	~다고 하다：間接話法	78
23	~ㄴ/는다고 하다：間接話法	80
24	形容詞・存在詞の語幹＋지 않다고 하다	82
25	~아/어 죽겠다, ~아/어 미치겠다	84
26	~아/어 놓다, ~아/어 두다	86
27	~ㄹ/을 텐데(요)	88
28	~았/었으면 좋겠다	90
29	~라는(란) 말이다, ~다는(단) 말이다	92
30	~아/어야겠다	94
31	~아/어 보다	96
32	~고	100
33	~아/어서	102
34	~(으)니까	104
35	~기 때문에	106
36	~(으)면	108
37	~(으)면서	110
38	~(으)려고	112
39	~(으)려면	114
40	~(으)로	116
41	~(으)ㄹ수록	118
42	~지만	120
43	~아/어야	122
44	~다가	124
45	~다면	126
46	~자마자	128
47	~(이)나	130

FILE	内容	ページ
48	（形容詞・指定詞の現在連体形）語幹＋ㄴ/은	134
49	（形容詞・指定詞の現在連体形を使った表現）語幹＋ㄴ/은지	136
50	（形容詞・指定詞の現在連体形を使った表現）語幹＋ㄴ/은데	138
51	（形容詞・指定詞の現在連体形を使った表現）語幹＋ㄴ/은데(요)	140
52	（変則の現在連体形①）ㅂ変則、ㄹ変則の形容詞・動詞	142
53	（変則の現在連体形②）르変則、으変則の形容詞・動詞	144
54	（動詞・存在詞の現在連体形）語幹＋는	146
55	（動詞・存在詞の現在連体形を使った表現）語幹＋는지	148
56	（動詞・存在詞の現在連体形を使った表現）語幹＋는데	150
57	（動詞・存在詞の現在連体形を使った表現）語幹＋는 동안	152
58	（現在連体形を使った表現）現在連体形＋대로	154
59	伝聞の表現①（動詞）動詞の語幹＋ㄴ/는대(요)	156
60	伝聞の表現②（形容詞・存在詞・指定詞）形容詞・存在詞・指定詞の語幹＋대(요)	158
61	（現在連体形を使った表現）으(ㄴ)/는 것 같다	160
62	~군(요)/~는군(요)	162
63	~구나	164
64	（動詞の現在連体形を使った表現）語幹＋는 도중에/길에	166
65	（現在連体形を使った表現）現在連体形＋한	168
66	（形容詞の活用）現在連体形＋듯하다	170
67	（現在連体形を使った表現）現在連体形＋모양이다	172
68	~지 말다	176
69	~지 마십시오/~지 말아요	178
70	~지 맙시다	180
71	~지 못하다	182
72	~(으)십시오	184
73	~(으)세요	186
74	~(으)십니다,(으)십니까?	188
75	~(으)셨다	190

フレーズトレーニング

FILE	内容	ページ
76	【1】	194
77	【2】	194
78	【3】	195
79	【4】	195
80	【5】	196
81	【6】	196
82	【7】	197
83	【8】	197
84	【9】	198
85	【10】	198
86	【11】	199
87	【12】	199
88	【13】	200
89	【14】	201
90	【15】	201
91	【16】	202
92	【17】	202
93	【18】	203
94	【19】	203
95	【20】	204
96	【21】	204
97	【22】	205
98	【23】	206
99	【24】	206
100	【25】	207
101	【26】	207
102	【27】	208
103	【28】	208
104	【29】	209
105	【30】	210
106	【31】	210
107	【32】	211
108	【33】	211
109	【34】	212
110	【35】	212
111	【36】	213
112	【37】	214
113	【38】	214
114	【39】	215
115	【40】	215
116	【41】	216
117	【42】	216
118	【43】	217
119	【44】	217
120	【45】	218
121	【46】	218
122	【47】	219
123	【48】	219
124	【49】	220
125	【50】	221
126	【51】	221
127	【52】	222
128	【53】	223
129	【54】	223
130	【55】	223
131	【56】	224
132	【57】	224
133	【58】	225
134	【59】	225
135	【60】	226
136	【61】	226
137	【62】	227
138	【63】	228
139	【64】	228
140	【65】	229
141	【66】	229
142	【67】	230
143	【68】	230
144	【69】	231
145	【70】	231
146	【71】	232
147	【72】	233
148	【73】	233
149	【74】	234
150	【75】	234

本書の構成 ❶ p.35 ～ 192

〔語尾紹介〕
語尾は一目で把握できるようにしています。

〔音声〕
FILE
001 ～ 075
日本語→韓国語の順番で収録されています。

日本語文によっては、ニダ体でもヨ体でも表現できる文章がありますので、니다体 요体 パンマル マークを入れています。マークがないものに関しては、課の左上の語尾紹介を見て確認してください。
（例：１課の場合はヨ体しか扱わないためマークなし）

〔補足メモ〕
例文で説明が必要なものについて、ここで簡単な説明をしています。
「　」⇒意味
［　］⇒発音

1 ～ 요体の過去形

～でした/ました、～でしたか？/ましたか？

001

1 **ありましたか**？(いましたか？)

2 **ありませんでした。**(いませんでした。)

3 **大丈夫でした。**

4 **感動しました。**

5 プレゼントを**もらいました。**

6 かき氷を**食べました。**

7 どのくらい**愛していましたか**？

8 この間、**約束しました。**

補足メモ
※4「感動する」は**감동(을) 받다**「直訳：感動を受
※6 **팥**「あずき」+ **빙수**「直訳：氷水」→「かき氷

36

〔文法をおさえよう〕
覚えておきたい文法の
解説です。

文法をおさえよう

* 語幹の最後に「ㅗ」か「ㅏ」あり

用言の語幹 + **았어요**

* 語幹の最後に「ㅗ」か「ㅏ」なし

用言の語幹 + **었어요**

* 例外　**하다 ⇒ 했어요**

1 **있었어요**?

基本形 있다⇒ 語幹 **있**+ 語尾 **었어요?**

2 **없었어요**.

基本形 없다⇒ 語幹 **없**+ 語尾 **었어요**

3 **괜찮았어요**.

基本形 괜찮다⇒ 語幹 **괜찮**+ 語尾 **았어요**

4 **감동했어요**.

基本形 감동하다⇒ 語幹 **감동하**+ 語尾 **였어요**

5 선물을 **받았어요**.

基本形 받다⇒ 語幹 **받**+ 語尾 **았어요**

6 팥빙수를 **먹었어요**.

基本形 먹다⇒ 語幹 **먹**+ 語尾 **었어요**

7 얼마나 **사랑했어요**?

基本形 사랑하다⇒ 語幹 **사랑하**+ 語尾 **였어요?**

8 지난 번에 **약속했어요**.

基本形 약속하다⇒ 語幹 **약속하**+ 語尾 **였어요**

※8 **지나다**「過ぎる」+ **번**「順序や回数を表す単位⇒番、回、度」→ **지난 번**「この
「先日」

Part 1　韓国語の語尾を理解した上で作文してみよう

〔日本語文・韓国語文〕
変化する部分を分かりやすく太字にしてあります。

本書の中級編では語尾の理解のため、「基本形⇒語幹＋語尾」を載せていますが、名詞の場合、「基本形⇒名詞＋語尾」のように表記し、理解を早めるようにしました。

本書の構成 2

p.193 ～ 235
フレーズトレーニング

ここでは 1 ～ 75 課で紹介した語尾を抜き出して配列してあります。音声を聴いて覚えましょう。このトレーニングをすることで本文の作文がしやすくなり、また語尾を集中的に覚えることができます。

音声
FILE
076 ～ 150
日本語→韓国語の順番で収録されています。

【1】 076

□ ありましたか？	⇒ 있었어요？	1-1
□ ありませんでした。	⇒ 없었어요．	1-2
□ 大丈夫でした。	⇒ 괜찮았어요．	1-3
□ 感動しました。	⇒ 감동했어요．	1-4
□ もらいました。（直：受け取りました。）	⇒ 받았어요．	1-5
□ 食べました。	⇒ 먹었어요．	1-6
□ 愛していましたか？	⇒ 사랑했어요？	1-7
□ 約束しました。	⇒ 약속했어요．	1-8

【2】 077

□ 行きましたか？	⇒ 갔어요？	2-1
□ 眠りましたか？	⇒ 잤어요？	2-2
□ 来ました。	⇒ 왔어요．	2-3
□ 風邪をひきました。	⇒ 감기에 걸렸어요．	2-4
□ 勝ちました。	⇒ 이겼어요．	2-5
□ 見ました。	⇒ 봤어요．	2-6
□ 買いました。	⇒ 샀어요．	2-7

194

本文の番号
本文のどの例文で使用しているのか分かるように番号を表示しています。

Part 1

韓国語の語尾を理解した上で作文してみよう！

1 ~ 요体の過去形

~でした/ました、~でしたか？/ましたか？

🔊 001

1 **ありましたか**？(いましたか？)

2 **ありませんでした**(いませんでした)。

3 **大丈夫でした**。

4 **感動しました**。

5 プレゼントを**もらいました**。

6 かき氷を**食べました**。

7 どのくらい**愛していましたか**？

8 この間、**約束しました**。

補足メモ

※4「感動する」は**감동(을)받다**「直訳：感動を受ける」でも表現できる。

※6 **팥**「あずき」+**빙수**「直訳：氷水」→「かき氷」

文法をおさえよう

✻ 語幹の最後に「ㅗ」か「ㅏ」あり

用言の語幹 + **았어요**

✻ 語幹の最後に「ㅗ」か「ㅏ」なし

用言の語幹 + **었어요**

✻ 例外　하다 ⇒ 했어요

1 **있었어요**?

基本形 있다⇒ 語幹 **있**+ 語尾 **었어요?**

2 **없었어요**.

基本形 없다⇒ 語幹 **없**+ 語尾 **었어요**

3 **괜찮았어요**.

基本形 괜찮다⇒ 語幹 **괜찮**+ 語尾 **았어요**

4 **감동했어요**.

基本形 감동하다⇒ 語幹 **감동하**+ 語尾 **였어요**

5 선물을 **받았어요**.

基本形 받다⇒ 語幹 **받**+ 語尾 **았어요**

6 팥빙수를 **먹었어요**.

基本形 먹다⇒ 語幹 **먹**+ 語尾 **었어요**

7 얼마나 **사랑했어요**?

基本形 사랑하다⇒ 語幹 **사랑하**+ 語尾 **였어요?**

8 지난 번에 **약속했어요**.

基本形 약속하다⇒ 語幹 **약속하**+ 語尾 **였어요**

※8 **지나다**「過ぎる」+ **번**「順序や回数を表す単位⇒番、回、度」→ **지난 번**「この間」「先日」

2 ~요体の過去形レベルアップ

～でした/ました、～でしたか？/ましたか？

002

[1] いつ**行きましたか**？

[2] よく**眠りましたか**？

[3] ここは初めて**来ました**。

[4] 風邪を**ひきました**。

[5] 私たちのチームが**勝ちました**。

[6] 最終回まで全部**見ました**。

[7] あれこれたくさん**買いました**。

[8] 高校生の時はいつも**眠かったです**。

補足メモ

※[3] **처음**「最初、始め、初めて」、**최초**「直訳:最初」、**여기는**の縮約の表現は**여긴**。
※[4] **감기에 걸리다**「風邪をひく（直訳：風邪にかかる）」
※[5] (基) **이기다**「勝つ」⇔ (基) **지다**「負ける」
※[6]**마지막**「最後、終わり」、**회**「回」、**최종회**「直訳:最終回」、**다**「全て」、**전부**「直

文法をおさえよう

타다(乗る)：	타+았어요	⇒탔어요
서다(立つ)：	서+었어요	⇒섰어요
배우다(学ぶ)：	배우+었어요	⇒배웠어요
마시다(飲む)：	마시+었어요	⇒마셨어요

1 언제 **갔어요**？

基本形 가다⇒ 語幹 **가**+ 語尾 **았어요？**

2 잘 **잤어요**？

基本形 자다⇒ 語幹 **자**+ 語尾 **았어요？**

3 여긴 처음 **왔어요**．

基本形 오다⇒ 語幹 **오**+ 語尾 **았어요**

4 감기에 **걸렸어요**．

基本形 걸리다⇒ 語幹 **걸리**+ 語尾 **었어요**

5 우리 팀이 **이겼어요**．

基本形 이기다⇒ 語幹 **이기**+ 語尾 **었어요**

6 마지막 회까지 다 **봤어요**．

基本形 보다⇒ 語幹 **보**+ 語尾 **았어요**

7 이것저것 많이 **샀어요**．

基本形 사다⇒ 語幹 **사**+ 語尾 **았어요**

8 고등학생 때는 항상 **졸렸어요**．

基本形 졸리다⇒ 語幹 **졸리**+ 語尾 **었어요**

訳：全部」

※8 基 **졸다**「眠る」、基 **졸리다**「眠い」。**고교생**「高校生」という表現もあるが、一般的には**고등학생**「高等学生」がよく使われる。

3 ~요体の変則①(ㅂ変則、ㄹ変則)

🔊 003

[1] ㄹ変則 あの人を**知っていますか**？

[2] ㅂ変則 問題が**難しいです。**

[3] ㅂ変則 風が**冷たかったです。**

[4] ㅂ変則 駅までは**近いですか**？

[5] ㄹ変則 この鞄を**作りましたか**？

[6] ㅂ変則 今日は会えて**嬉しかったです。**

[7] ㄹ変則 岡田さんは服を直接**作ります。**

[8] ㅂ変則 済州島の海は**美しかったですか**？

補足メモ

※[1] **알고 있어요？**「知っていますか？」という表現もあるのだが、**알아요？**の方が自然な表現に聞こえる。

※[3] 基 **차갑다**「冷たい」、基 **시원하다**「涼しい」

文法をおさえよう

ㅂ変則	ㅂ다を脱落→+워요 過去形 +웠어요	

※例外的に돕다（助ける：動詞）+와⇒도와요
곱다（きれいだ：形容詞）+와⇒고와요になる。

例 덥다 現在形 더+워요 ⇒ 더워요 過去形 더+웠어요 ⇒ 더웠어요

ㄹ変則	ㄹがある文字の母音にㅗかㅏが	ある⇒+아요 過去形 +았어요
		ない⇒+어요 過去形 +었어요

例 멀다 現在形 멀+어요⇒멀어요 過去形 멀+었어요 ⇒ 멀었어요

※（요体の変則が定着したら）니다体の変則と比較して勉強することをおすすめ！

1 저 사람 **알아요**?

基本形 알다⇒ 語幹 알+ 語尾 아요？

2 문제가 **어려워요**.

基本形 어렵다⇒ 語幹 어렵+ 語尾 워요（ㅂ脱落）

3 바람이 **차가웠어요**.

基本形 차갑다⇒ 語幹 차갑+ 語尾 웠어요（ㅂ脱落）

4 역까지는 **가까워요**?

基本形 가깝다⇒ 語幹 가깝+ 語尾 워요？（ㅂ脱落）

5 이 가방을 **만들었어요**?

基本形 만들다⇒ 語幹 만들+ 語尾 었어요？

6 오늘은 만나서 **반가웠어요**.

基本形 반갑다⇒ 語幹 반갑+ 語尾 웠어요（ㅂ脱落）

7 오카다씨는 옷을 직접 **만들어요**.

基本形 만들다⇒ 語幹 만들+ 語尾 어요

8 제주도의 바다는 **아름다웠어요**?

基本形 아름답다⇒ 語幹 아름답+ 語尾 웠어요？（ㅂ脱落）

※7 **직접 만들다**「直接作る」は主に「買わず自分で作る」「手作り」という意味で、「機械でなく手作業で作る」の意味としてもよく用いられる**수제**「直訳：手製」「手作り」という表現と一緒に頻繁に使われる。

4 ~요体の変則②(르変則、으変則)

🔊 004

1 르変則 私はよく**分かりません。**

2 르変則 のどが**渇いていますか？**

3 르変則 このスターのファンクラブはアーミーと**呼びます。**

4 으変則 手紙を**書きました。**

5 으変則 品質が**悪いですか？**

6 으変則 そんなに**嬉しいですか？**

7 르変則 その方は脈が**速かったです。**

8 으変則 その俳優は実物が**きれいでしたか？**

補足メモ

※2 **목이 마르다**「のどが渇く」。日本語：「(のどが) 渇いていますか？」のような表現→韓国語では**말라요？**「渇きますか？」と表現するのが自然なので注意！

※4 基 **쓰다**「使う」「書く」「苦い」という意味で頻繁に使われるので、文脈で意味を把握する必要がある。

文法をおさえよう

르変則	르の前にㅗかㅏが	ある⇒르다脱落→+ㄹ라요	過去形 +ㄹ랐어요
		ない⇒르다脱落→+ㄹ러요	過去形 +ㄹ렀어요

例 **빠르다**(早い) 現在形 **빠+ㄹ라요 ⇒빨라요.** 過去形 **빠+ㄹ랐어요 ⇒빨랐어요.**

※르変則は語幹が「르」で終わる形容詞と一部の動詞が不規則に活用する。
例外＞따르다(従う)⇒따라요. 等のように으変則活用になる場合もある。

으変則	ㅡの前の文字にㅗかㅏが	ある⇒ㅡ다脱落→+아요	過去形 았어요
		ない⇒ㅡ다脱落→+어요	過去形 었어요

例 슬프다(悲しい) 現在形 슬ㅍ +어요 ⇒슬퍼요. 過去形 ⇒슬ㅍ +었어요 ⇒슬펐어요.

1 전 잘 **몰라요**.

基本形 모르다⇒ 語幹 모르+ 語尾 ㄹ라요 (르 脱落)

2 목이 **말라요**?

基本形 마르다⇒ 語幹 마르+ 語尾 ㄹ라요? (르 脱落)

3 이 스타의 팬클럽은 아미라고 **불러요**.

基本形 부르다⇒ 語幹 부르+ 語尾 ㄹ러요 (르 脱落)

4 편지를 **썼어요**.

基本形 쓰다⇒ 語幹 쓰+ 語尾 었어요 (ㅡ 脱落)

5 품질이 **나빠요**?

基本形 나쁘다⇒ 語幹 나쁘+ 語尾 아요? (ㅡ 脱落)

6 그렇게 **기뻐요**?

基本形 기쁘다⇒ 語幹 기쁘+ 語尾 어요? (ㅡ 脱落)

7 그 분은 맥박이 **빨랐어요**.

基本形 빠르다⇒ 語幹 빠르+ 語尾 ㄹ랐어요 (르 脱落)

8 그 배우는 실물이 **예뻤어요**?

基本形 예쁘다⇒ 語幹 예쁘+ 語尾 었어요? (ㅡ 脱落)

※6 **그렇다**「そうだ」「そのとおりだ」、**그렇게**「そのように」「そんなに」「それほど」
※7 **이 분**「この方」、**그 분**「その方」、**저 분**「あの方」。**맥박**「脈」「直訳：脈拍」
※8 **배우**「俳優（女優も）」

5 ~니다体の過去形

~でした/ました、~でしたか？/ましたか？

🔊 005

[1] そこに**ありませんでした**(いませんでした)。

[2] **食べ**過ぎ**ました。**

[3] コインロッカーが**小さかったです。**

[4] その日は**退屈でした。**

[5] 包丁は台所に**ありました。**

[6] 隅々(まで)一生懸命に**掃除しました。**

[7] 食卓の上をきれいに**拭きました。**

[8] 鈴木教授の手紙を**もらいました。**

補足メモ

※[3] **보관함**「コインロッカー」「直訳：保管箱」
※[4] **심심하다**「退屈だ」「やることがなく面白くない」という意味が一般的だが、
맛이 심심하다は「味が薄い」という意味になる。
※[5] **칼**「包丁」「刃物」 ※[5] **부엌에** [**부어케**] 台所に
※[6] **구석**「隅」

文法をおさえよう

* 語幹の最後に「ㅗ」か「ㅏ」あり

用言の語幹 + **았습니다**

* 語幹の最後に「ㅗ」か「ㅏ」なし

用言の語幹 + **었습니다**

* 例外 **하다⇒했습니다.**

1 거기에 **없었습니다**.

基本形 없다⇒ 語幹 **없**+ 語尾 **었습니다**

2 너무 많이 **먹었습니다**.

基本形 먹다⇒ 語幹 **먹**+ 語尾 **었습니다**

3 보관함이 **작았습니다**.

基本形 작다⇒ 語幹 **작**+ 語尾 **았습니다**

4 그 날은 **심심했습니다**.

基本形 심심하다⇒ 語幹 **심심하**+ 語尾 **였습니다**

5 칼은 부엌에 **있었습니다**.

基本形 있다⇒ 語幹 **있**+ 語尾 **었습니다**

6 구석구석 열심히 **청소했습니다**.

基本形 청소하다 ⇒ 語幹 **청소하**+ 語尾 **였습니다**

7 식탁 위를 깨끗하게 **닦았습니다**.

基本形 닦다⇒ 語幹 **닦**+ 語尾 **았습니다**

8 스즈키교수님의 편지를 **받았습니다**.

基本形 받다⇒ 語幹 **받**+ 語尾 **았습니다**

※7 **위**「上」⇔ **아래**「下、低い方：ある基準より低い位置」、**밑**「下、底：ある物体の下を意味する」
※8 **교수**「教授」の後の**님**「様」を付けないと呼び捨てのように聞こえるので注意！

6 ~니다体の過去形レベルアップ

～でした/ました、～でしたか？/ましたか？

🔊 006

1 **叱りました。**

2 公演、楽しく**見ました。**(直訳:よく見ました。)

3 詳細に**調べてみましたか**？

4 交通事故で**怪我をしました。**

5 駐車場に車を**止めました。**

6 ペク先生から韓国語を**学びましたか**？

7 インターネットでじっくり**話し合いました。**

8 ついに運転免許を**とりました。**

補足メモ

※1 **야단（을）치다**「叱る」

※2 公演を「よく見た」⇒「楽しく見た」という意味。**잘**は「よく」以外にも「上手に」「うまく」という意味でも頻繁に使われるので是非チェック！

※3 **상세**「詳細」**자세**「仔細 / 子細」　※3 **자세히**の発音は **[자세히]** と **[자세이]** で２つあるのでチェック！

※3 **알아보다**「わかる、見分ける」「調べてみる」「探ってみる」⇒**조사하다**「調査する」より柔らかい言い回しで、

文法をおさえよう

基本形	現在形	過去形
일어나다(起きる)	일어납니다	일어났습니다.
마시다(飲む)	마십니다	마셨습니다.
바꾸다(かえる)	바꿉니다	바꿨습니다

1 야단을 **쳤습니다**.

基本形 치다⇒ 語幹 **치**+ 語尾 **었습니다**

2 공연 잘 **봤습니다**.

基本形 보다⇒ 語幹 **보**+ 語尾 **았습니다**

3 자세히 **알아봤습니까**?

基本形 알아보다⇒ 語幹 **알아보**+ 語尾 **았습니까?**

4 교통사고로 **다쳤습니다**.

基本形 다치다⇒ 語幹 **다치**+ 語尾 **었습니다**

5 주차장에 차를 **세웠습니다**.

基本形 세우다⇒ 語幹 **세우**+ 語尾 **었습니다**

6 백선생님께 한국어를 **배웠습니까**?

基本形 배우다⇒ 語幹 **배우**+ 語尾 **었습니까?**

7 인터넷으로 오랫동안 **대화를 나눴습니다**.

基本形 나누다⇒ 語幹 **나누**+ 語尾 **었습니다**

8 드디어 운전면허를 **땄습니다**.

基本形 따다⇒ 語幹 **따**+ 語尾 **았습니다**

日常会話でよく使用されている。

※4 **다치다**「怪我をする」「傷つく」

※5 **세우다**「立てる」「止める」「建てる」

※7 **오랫동안**「長い間」「じっくり」、**대화**「対話」、**나누다**「分ける、言葉をやり取りする」⇒ **대화를 나누다**「話し合う」

※8 **면허를 따다**「免許をとる」

7 ~니다：変則①（르変則、으変則）

🔊 007

[1] 으変則 背が**高かったです。**

[2] 으変則 お腹が**すきます。**

[3] 으変則 どこが**痛いですか？**

[4] 르変則 韓国のタクシーは**速いですか？**

[5] 르変則 ソウルの地理はよく**分かりません。**

[6] 르変則 このボタンは**押しませんでした。**

[7] 르変則 昨日はずっとのどが**渇きました。**

[8] 르変則 看護師が私の名前を**呼びましたか？**

補足メモ

※[1] **키가 작다**「背が低い」⇔**키가 크다**「直訳：背が大きい」。韓国語では「**키가 높다:** 背が高い」と言わないので注意！

※[3] ㊡ **아프다**「痛い」という意味以外に「体の調子が悪い」「具合が悪い」という意味としても頻繁に使われるので、是非チェック！

文法をおさえよう

	現在形	過去形	
르変則	＋ㅂ니다	르の前にㅗ,ㅏが	ある⇒ 르다を脱落＋ㄹ랐습니다
			ない⇒ 르다を脱落＋ㄹ렀습니다

르変則：母音で始まる活用語尾「았/었、아서/어서、아/어요」の前では르が脱落、ㄹ라/러が加わる。

	現在形	過去形	
으変則	＋ㅂ니다	ㅡの前の文字にㅗ,ㅏが	ある⇒ ㅡ다を脱落＋았습니다
			ない⇒ ㅡ다を脱落＋었습니다

例 슬프다(悲しい) 슬ㅍ＋읍니다⇒슬픕니다. 過去形 슬ㅍ＋었습니다⇒슬펐습니다

例 크다(大きい) ㅋ＋ㅂ니다⇒큽니다. 過去形 ㅋ＋었습니다⇒컸습니다.

1 키가 **컸습니다**.

基本形 크다⇒ 語幹 크＋ 語尾 었습니다 (ㅡ脱落)

2 배가 **고픕니다**.

基本形 고프다⇒ 語幹 고프＋ 語尾 ㅂ니다

3 어디가 **아픕니까**?

基本形 아프다⇒ 語幹 아프＋ 語尾 ㅂ니까?

4 한국택시는 **빠릅니까**?

基本形 빠르다⇒ 語幹 빠르＋ 語尾 ㅂ니까?

5 서울 지리는 잘 **모릅니다**.

基本形 모르다⇒ 語幹 모르＋ 語尾 ㅂ니다

6 이 버튼은 안 **눌렀습니다**.

基本形 누르다⇒ 語幹 누르＋ 語尾 ㄹ렀습니다 (르脱落)

7 어제는 계속 목이 **말랐습니다**.

基本形 마르다⇒ 語幹 마르＋ 語尾 ㄹ랐습니다 (르脱落)

8 간호사가 제 이름을 **불렀습니까**?

基本形 부르다⇒ 語幹 부르＋ 語尾 ㄹ렀습니까? (르脱落)

※7「渇いていました」と訳されている場合でも韓国語では**말랐습니다**「直訳：渇きました」と表現するのが自然。

8 ~니다：変則②（ㅂ変則、ㄹ変則）

🔊 008

1 ㄹ変則 あの人に関して**知っていますか？**

2 ㅂ変則 状況はちょっと**難しいです。**

3 ㅂ変則 風が**冷たいです。**

4 ㅂ変則 駅までは**近いですか？**

5 ㄹ変則 この料理をだれが**作りましたか？**

6 ㅂ変則 今日は会えて**嬉しかったです。**

7 ㄹ変則 その方は家が**遠いですか？**

8 ㅂ変則 結婚式（の）ドレスは**美しかったですか？**

補足メモ

※1 ~**에 대해서**「に対して」は日本語の「~**에 관해서**：に関して」のニュアンスで使われるケースがよくある。

※2 日本語「状況**は**」 韓国語「**상황이**（状況**が**）」。「状況がちょっと難しい」⇒「状

文法をおさえよう

ㅂ変則	現在形	過去形
	＋습니다	「ㅂ다」を脱落＋웠습니다

例外的に돕다（助ける：動詞）＋왔습니다⇒도왔습니다
곱다（きれいだ：形容詞）＋왔습니다⇒고왔습니다になる。

例> 덥다 現在形 덥＋습니다⇒덥습니다　過去形 더＋웠습니다 ⇒더웠습니다.

ㄹ変則	現在形	過去形	
	ㄹ다を脱落＋ㅂ니다	語幹の最後にㅗ, ㅏが	ある⇒ ＋았습니다
			ない⇒ ＋었습니다

例>멀다 現在形 머＋ㅂ니다⇒ 멉니다　過去形　머＋ㄹ었습니다 ⇒멀었습니다

1 저 사람에 대해서 **압니까**？

基本形 알다⇒ 語幹 알＋ 語尾 ㅂ니까？（ㄹ脱落）

2 상황이 조금 **어렵습니다**.

基本形 어렵다⇒ 語幹 어렵＋ 語尾 습니다

3 바람이 **차갑습니다**.

基本形 차갑다⇒ 語幹 차갑＋ 語尾 습니다

4 역까지는 **가깝습니까**？

基本形 가깝다⇒ 語幹 가깝＋ 語尾 습니까？

5 이 요리를 누가 **만들었습니까**？

基本形 만들다⇒ 語幹 만들＋ 語尾 었습니까？

6 오늘은 만나서 **반가웠습니다**.

基本形 반갑다⇒ 語幹 반갑＋ 語尾 웠습니다（ㅂ脱落）

7 그 분은 집이 **멉니까**？

基本形 멀다⇒ 語幹 멀＋ 語尾 ㅂ니까？（ㄹ脱落）

8 결혼식 드레스는 **아름다웠습니까**？

基本形 아름답다⇒ 語幹 아름답＋ 語尾 웠습니까？（ㅂ脱落）

況があまりよくない」という意味。

9 ~아/어지다

～なる(～になる)、～くなる、～られる

009

1 日が暮れて**暗くなりましたか**？ 요体

2 ジミンさんのファンが**多くなりました**。 니다体

3 BTS の音楽を聴くと気分が**よくなります**。 요体

4 顔が見間違えるくらい**きれいになりました**。 요体

5 一カ月後には体が**軽くなります**。 니다体

6 この作品はいつ**作られましたか**？ 니다体

7 とうとう(ついに)願いが**叶いました**。 니다体

8 このボールペンは消しゴムで**消えますか**？ 니다体

補足メモ

※1 **날**「日」**어둡다**「暗い」、**날이（저물어）어둡다**「日が（暮れて）暗い」

※4 (基) **몰라보다**「見間違える」

※5 (基) **가볍다**「軽い」＋**지다** ⇒ **가벼워지다**「軽くなる」

※6 (基) **만들다**「つくる」＋**지다** ⇒ **만들어지다**「つくられる」

文法をおさえよう

~아/어지다	ヨ体現在	지 +어요　⇒져요
	ヨ体過去形	지 +었어요　⇒졌어요
	ニダ体現在	지 +ㅂ니다　⇒집니다
	ニダ体過去形	지 +었습니다 ⇒졌습니다.

①形容詞＋**아/어지다**の場合は「～なる(～になる)、～くなる」
時間の経過につれ、状態が自然に変わる様子や変化をしながらある状態になりつつあることを表す。主に形容詞と接続。

②受身の場合は「～られる」
ある動作が自然に発生し、その状態になることを表す時は一部の動詞とだけ接続し、受身の表現で訳す。

1 날이 **어두워졌어요** ?

基本形 어둡다⇒ 語幹 어둡＋ 語尾 워졌어요 (ㅂ脱落)

2 지민씨 (의) 팬이 **많아졌습니다** .

基本形 많다⇒ 語幹 많＋ 語尾 아졌습니다

3 BTS 음악을 들으면 기분이 **좋아져요** .

基本形 좋다⇒ 語幹 좋＋ 語尾 아져요

4 얼굴이 몰라보게 **예뻐졌어요** .

基本形 예쁘다⇒ 語幹 예쁘＋ 語尾 어졌어요 (ㅡ脱落)

5 한 달 후에는 몸이 **가벼워집니다** .

基本形 가볍다⇒ 語幹 가볍＋ 語尾 워집니다 (ㅂ脱落)

6 이 작품은 언제 **만들어졌습니까** ?

基本形 만들다⇒ 語幹 만들＋ 語尾 어졌습니까 ?

7 마침내 소원이 **이루어졌습니다** .

基本形 이루다⇒ 語幹 이루＋ 語尾 어졌습니다

8 이 볼펜은 지우개로 **지워집니까** ?

基本形 지우다⇒ 語幹 지우＋ 語尾 어집니까 ?

※7 基 **이루다**「成す」「遂げる」、**이루어지다**「思い通りになる」「成る」「叶う」　例）**꿈이 이루어지다**「夢が叶う」

※8 基 **지우다**「消す」＋**지다** ⇒ **지워지다**「消える」「消される」。～（**으**）**로**は手段・方法を表す時に用いられる。パッチムなし＋**로**、パッチムあり＋**으로**（例外>前の語に「**ㄹ**パッチム」あり＋**로**）

10 ~게 되다

～するようになる、
～することになる、～くなる

🔊 010

1	どうやって**会うようになりましたか**？	요体
2	偶然**会うようになりました**。	니다体
3	本当に申し訳ない**ことになりました**。	니다体
4	水泳が**上手になりました**。	니다体
5	やっと**就職することになりました**。	니다体
6	地下鉄の中でいちゃついているカップルを**見るようになりました**。	요体
7	20歳を過ぎてからやっと**まともになりました**。	니다体
8	江南のある食堂で韓国スターと**会うようになりました**。	니다体

補足メモ

※3 (基) **죄송하다**「申し訳ない」、**죄송하게 되다**⇒「(こういう結果になってしまって) 申し訳ない」というニュアンスで日常生活では使用されている。
※4 **수영**「水泳」、**수영을 하다**「水泳をする」、**헤엄치다**「泳ぐ」
※5「やっと就職できた」というニュアンスでもよく使われる。
※6 **닭**「とり」+**살**「肌、肉」+**커플**「カップル」→鳥肌が立つぐらいいちゃついているカップル
※6 **보게 됐어요**⇒「そういう状況を目の当たりにする」「偶然こういうことになった」「私の意志とは関

文法をおさえよう

用言の語幹 +게 되다

※**~게 되다**「(外部的な要因･条件により)ある動作をする状況になったり、ある状態になる」という意味。**하다**動詞(他動詞)の**하다**を**되다**に変えると、「～される」の意味になる。

※日本語の「～(する)ようになる」のように反復的な動作が生じる意味に限定されない。

※**되다**のヨ体は**되어요**を縮約して**돼요**と表記されるケースが多い。

되었어요　縮約⇒ **됐어요**　　**되었습니다**　縮約⇒ **됐습니다**

---

1 어떻게 **만나게 됐어요**?

基本形 만나다⇒ 語幹 **만나**+ 語尾 **게 됐어요?**

2 우연히 **만나게 됐습니다**.

基本形 만나다⇒ 語幹 **만나**+ 語尾 **게 됐습니다**.

3 정말 **죄송하게 됐습니다**.

基本形 죄송하다⇒ 語幹 **죄송하**+ 語尾 **게 됐습니다**.

4 수영을 **잘하게 되었습니다**.

基本形 잘하다⇒ 語幹 **잘하**+ 語尾 **게 되었습니다**.

5 드디어 **취직하게 되었습니다**.

基本形 취직하다⇒ 語幹 **취직하**+ 語尾 **게 되었습니다**

6 지하철 안에서 닭살커플을 **보게 됐어요**.

基本形 보다⇒ 語幹 **보**+ 語尾 **게 됐어요**.

7 스무살이 지나서 겨우 **정신을 차리게 되었습니다**.

基本形 차리다⇒ 語幹 **차리**+ 語尾 **게 되었습니다**.

8 강남의 한 식당에서 한국스타와 **만나게 되었습니다**.

基本形 만나다⇒ 語幹 **만나**+ 語尾 **게 되었습니다**

係なく、偶然見ることになった」というニュアンスになる。

※7 **스물**「二十」、**스무살**「二十歳」: **스물살**と言わないように注意！

※7 **정신**「精神、意識、魂」＋**차리다**「用意する、用意してととのえる」⇒**정신(을) 차리다**:「気をしっかり持つ」「まともになる」「目を覚ます、目が覚める」

11 ~기(가) 쉽다

~しやすい、~することが簡単だ、
~することは簡単だ、~する可能性(確率)が高い

011

1 これは**やりやすいですか**？ 요体

2 **作りやすかったですか**？ 니다体

3 子犬は**育てやすいですか**？ 요体

4 韓国語は**学びやすいです**。 요体

5 季節の変わり目には風邪に**かかりやすいです**。 요体

6 ホンサムは思ったより**飲みやすかったです**。 니다体

7 誘惑に**陥りやすいです**。 니다体

8 あせったら事業に**失敗しやすいです**。 니다体

補足メモ

※5 **환절기**「直訳：換節期」「季節の変わり目」
※5 **감기에 걸리다**「風邪にかかる」「風邪を引く」
※6 **홍삼**「ホンサム（紅参）」：高麗人参の根を蒸して乾燥したもの。
※6 **생각**「考え」＋ **보다**「～より」⇒**생각보다**「思ったより」
※8 **서두르다**「急ぐ」以外に「焦る」「慌てる」という意味でも使われる。

文法をおさえよう

動詞の語幹 +기(가) 쉽다

※あることを強調する場合は、~기는 쉽다「~するのは簡単だ」

基本形:쉽다	ヨ体	ニダ体
現在形	쉬워요	쉽습니다
過去形	쉬웠어요	쉬웠습니다

例>역 앞에서 팔기는 쉽습니다.(駅の前で売るのは簡単です。)

※~기 십상이다「~しやすい」という類似表現もあるが、主に否定的な場面で使われる。

~기⇒用言を名詞化する語尾

1 이건 **하기 쉬워요**?

基本形 하다⇒ 語幹 **하**+ 語尾 **기 쉬워요?**

2 **만들기 쉬웠습니까**?

基本形 만들다⇒ 語幹 **만들**+ 語尾 **기 쉬웠습니까?**

3 강아지는 **키우기 쉬워요**?

基本形 키우다⇒ 語幹 **키우**+ 語尾 **기 쉬워요?**

4 한국어는 **배우기 쉬워요**.

基本形 배우다⇒ 語幹 **배우**+ 語尾 **기 쉬워요.**

5 환절기에는 감기에 **걸리기 쉬워요**.

基本形 걸리다⇒ 語幹 **걸리**+ 語尾 **기 쉬워요.**

6 홍삼은 생각보다 **마시기 쉬웠습니다**.

基本形 마시다⇒ 語幹 **마시**+ 語尾 **기 쉬웠습니다.**

7 유혹에 **빠지기 쉽습니다**.

基本形 빠지다⇒ 語幹 **빠지**+ 語尾 **기 쉽습니다.**

8 서두르면 사업에 **실패하기 쉽습니다**.

基本形 실패하다⇒ 語幹 **실패하**+ 語尾 **기 쉽습니다.**

※8「~なら、~(する)と、~ならば、~したら」:前の語にパッチムあり+**으면**、前の語にパッチムなし+**면**

※8 日本語での**실패**「失敗」は韓国語での**실수**「誤り、ミス」に近いニュアンスになる。韓国語での**실패**「失敗」は「破産した」「試験に落ちた」などの大ごとに用いる。

12 ~기 어렵다

~しにくい、~することが難しい、~しづらい

012

[1] 1カ月以内に**やせるのは難しかったですか**？ 니다体

[2] 白菜キムチを**漬けるのは難しいです**。 요体

[3] エレキギターは**弾きにくいですか**？ 요体

[4] 私の顔で俳優に**なるのは難しいですか？** 니다体

[5] 本を**執筆するのは難しいです**。 니다体

[6] カンジャンケジャンの食堂は**探しにくいですか**？ 요体

[7] みんなが**合格するのは難しいと**言いました。 요体

[8] 大阪大学に**合格するのは難しかったです**。 니다体

補足メモ

※[1] **살**「肉、身」+ **빼다**「引く、抜き出す、取り出す、取る」⇒ **살(을) 빼다**「やせる」「減量する」「余計な肉を落とす」

※[2] **김치를 담그다**「キムチを漬ける」

※[3] **기타를 치다**「ギターを弾く」

文法をおさえよう

用言の語幹 +기 어렵다

※主に動詞の語幹について用いられる。

어렵다	ヨ体	ニダ体
現在形	어려워요.	어렵습니다.
過去形	어려웠어요.	어려웠습니다.

※ **~기 어렵다**の類似表現 **~기 힘들다**(~するのが難しい)は、「肉体的・精神的にしんどい」「手に負えない」「~する可能性は低い」という意味を含む。

1 한 달 안에 **살을 빼기는 어려웠습니까**?

基本形 빼다⇒ 語幹 **빼**+ 語尾 **기는 어려웠습니까?**

2 배추김치를 **담그기는 어려워요**.

基本形 담그다⇒ 語幹 **담그**+ 語尾 **기는 어려워요**

3 일렉기타는 **치기 어려워요**?

基本形 치다⇒ 語幹 **치**+ 語尾 **기 어려워요?**

4 제 얼굴로 배우가 **되기는 어렵습니까**?

基本形 되다⇒ 語幹 **되**+ 語尾 **기는 어렵습니까?**

5 책을 **집필하기는 어렵습니다**.

基本形 집필하다⇒ 語幹 **집필하**+ 語尾 **기는 어렵습니다.**

6 간장게장식당은 **찾기 어려워요**?

基本形 찾다⇒ 語幹 **찾**+ 語尾 **기 어려워요?**

7 다들 **합격하기(는) 어렵다고** 했어요.

基本形 합격하다⇒ 語幹 **합격하**+ 語尾 **기 어렵다고**

8 오사카 대학교에 **합격하기는 어려웠습니다**.

基本形 합격하다⇒ 語幹 **합격하**+ 語尾 **기는 어려웠습니다.**

※4 **연기자**「直訳：演技者」⇒「(ドラマなどに出演する) 俳優」
※6 カンジャンケジャン (カニの醤油漬け)
※7 **다**「みんな、すべて」+ **들**「達」⇒「みんな」。「~は」のような助詞は省略されるケースが多々ある。
※7 ~**고 했어요**は~**고 말했어요**「~と言いました」の意味で使われるケースが多いので、是非チェック！
※8 **합격**「合格」⇔**불합격**「不合格」

13 ~기 시작하다

~し始める

013

[1] **寒くなり始めました。** 요体

[2] **暑くなり始めました。** 니다体

[3] ４日前から咳が**出始めました。** 요体

[4] その人のことを**好きになり始めました。** 니다体

[5] 急に夕立ちが**降り始めました。** 니다体

[6] 旦那さんが韓国の時代劇を**見始めました。** 요体

[7] 人々が一人二人と**集まり始めました。** 니다体

[8] いつから韓国語を**勉強し始めましたか？** 니다体

補足メモ

※[4] [4]のような文章での「その人のことを」は韓国語で「その人が **그 사람이**」と表現する。

※[5] **비가 내리다**「雨が降る」と共に**비가 오다**「雨が来る」も頻繁に使われるので、ぜひチェック！

※[6] **남편**は漢字をそのまま直訳したら「男便」→「夫」「主人」。「主人」を直訳した**주인**は「何かを所有した者」という意味になるので注意。日常会話では**시대극**「直訳：時代劇」より**사극**「史劇」の方

文法をおさえよう

用言の語幹 +기 시작하다

※主に動詞の語幹について用いられる。
発音に注意！

시작해요[시자캐요]　　시작합니다[시자캄니다]
시작했어요[시자캐써요]　　시작했습니다[시자캐씀니다]

1 **추워지기 시작했어요**.

基本形 추워지다⇒ 語幹 추워지+ 語尾 기 시작했어요

2 **더워지기 시작했습니다**.

基本形 더워지다⇒ 語幹 더워지+ 語尾 기 시작했습니다

3 4 일 전부터 기침이 **나기 시작했어요**.

基本形 나다⇒ 語幹 나+ 語尾 기 시작했습니다

4 그 사람이 **좋아지기 시작했습니다**.

基本形 좋아지다⇒ 語幹 좋아지+ 語尾 기 시작했습니다

5 갑자기 소나기가 **내리기 시작했습니다**.

基本形 내리다⇒ 語幹 내리+ 語尾 기 시작했습니다

6 남편이 한국사극을 **보기 시작했어요**.

基本形 보다⇒ 語幹 보+ 語尾 기 시작했어요

7 사람들이 하나둘 **모이기 시작했습니다**.

基本形 모이다⇒ 語幹 모이+ 語尾 기 시작했습니다

8 언제부터 한국어를 **공부하기 시작했습니까**？

基本形 공부하다⇒ 語幹 공부하+ 語尾 기 시작했습니까？

が多く用いられる。
※7 **모이다**「集まる」「集合する＝**집합하다**」、**하나둘 모이다**「少しずつ集まる」
모으다「集める」

14 ~기 바라다

～することを願う、～することをお願いする

🔊 014

1 その人とうまく**いきますように(願います)。** 요体

2 資料を送って**くださるようお願いします。** 니다体

3 また連絡して**くださるようお願い致します。** 니다体

4 午後に訪問して**くださるようお願いします。** 니다体

5 これを参考にして**くださるようお願い致します。** 니다体

6 体が一日も早く全快**するよう祈ります。** 요体

7 こちらにお問い合わせ**くださるようお願いします。** 니다体

8 となりの窓口をご利用**くださるようお願いします。** 니다体

補足メモ

※1 **그 사람과 잘 되다**→「その人（異性）との恋愛がうまくいくように」という意味としてよく使われる。**바라다**のヨ体は**바라요**が正しいが、日常会話では**바래요**が多く用いられる。

※2 **보내다**（おくる）＋**주시다**（くださる）→**보내주시다**（おくってくださる）

※6 **완쾌**「全快（直訳：完快）」。**바라다**「願う」「望む」は「祈る＝**빌다**」のかわりに使うケースも少なくない→ヨ体は**바라요**が正しいとされているが、日常会話では**바래요**が多く用いられる。

文法をおさえよう

用言の語幹 +기 바라다

※바라다「願う」「望む」「求める」
※発音に注意！바랍니다[바람니다]
※되시기, 주시기のように(를)を省略する場合もある。

縮約形	되기를→되길
	되시기를→되시길
	주기를→주길
	주시기를→주시길

1 그 사람과 잘 **되길 바래요**.

基本形 되다⇒ 語幹 되+ 語尾 길 바래요

2 자료를 **보내 주시기 바랍니다**.

基本形 주시다⇒ 語幹 주시+ 語尾 기 바랍니다

3 다시 연락해 **주시기 바랍니다**.

基本形 주시다⇒ 語幹 주시+ 語尾 기 바랍니다

4 오후에 방문해 **주시기 바랍니다**.

基本形 주시다⇒ 語幹 주시+ 語尾 기 바랍니다

5 이것을 참고해 **주시기 바랍니다**.

基本形 주시다⇒ 語幹 주시+ 語尾 기 바랍니다

6 몸이 하루빨리 완쾌 **되시길 바래요**.

基本形 되시다⇒ 語幹 되시+ 語尾 길 바래요

7 이 쪽으로 문의해 **주시기 바랍니다**.

基本形 주시다⇒ 語幹 주시+ 語尾 기 바랍니다

8 옆 창구를 이용해 **주시기 바랍니다**.

基本形 주시다⇒ 語幹 주시+ 語尾 기 바랍니다

※7 **이 쪽**「こちら、こちら側」、**(으)로**「～に、～で」
※8 **창구**は[チャング]が正しい発音とされているが、日常会話で[チャンク]と発音されるケースも多い。

15 ~기로 하다

~することにする

🔊 015

1 タクシーに**乗ることにしました。** 니다体

2 一緒に**ご飯を食べることにしました。** 니다体

3 11 時に**会うことにしました。** 요体

4 今日は**行かないことにしました。** 요体

5 明日は公園に**遊びに行くことにしましょう。** 요体

6 これからはスカートも**着ることにしました。** 요体

7 その人の気持ちを**受け取ることにしました。** 요体

8 正門の前で**集まることにしました。** 니다体

補足メモ

※1 **택시를 타다**(○)、**택시에 타다**（×）←乗り物に乗る時の韓国語は「~を乗る **~를(을) 타다**」と表現するので注意が必要！

※2 **밥**「ご飯」＋**먹다**「食べる」→ **밥(을) 먹다**「ご飯を食べる、食事をする」

※5 **놀다**「遊ぶ」＋**가다**「行く」→ **놀러가다**「遊びに行く」

文法をおさえよう

動詞の語幹+기로 하다

※動詞につき、決定・決心・約束の意味を表す。
※一部の存在詞も使える。같이 있기로 해요 (○). 없기로 해요(×)
※~기로 하다の前に過去を表す表現(았/었)を用いることはできない。
例 시작하기로 했다(○)⇔시작했기로 했다(×)
※類似表現としては ~기로 결정하다:「~することに決定する」がある。
「決定」の代わりに결심「決心」・약속「約束」を入れて表現できる。

1 택시를 **타기로 했습니다**.

基本形 타다⇒ 語幹 타+ 語尾 기로 했습니다

2 같이 **밥먹기로 했습니다**.

基本形 먹다⇒ 語幹 먹+ 語尾 기로 했습니다

3 11 시에 **만나기로 했어요**.

基本形 만나다⇒ 語幹 만나+ 語尾 기로 했어요?

4 오늘은 **안 가기로 했어요**.

基本形 가다⇒ 語幹 가+ 語尾 기로 했어요.

5 내일은 공원에 **놀러가기로 해요**.

基本形 놀러가다⇒ 語幹 놀러가+ 語尾 기로 해요.

6 이제부터는 치마도 **입기로 했어요**.

基本形 입다⇒ 語幹 입+ 語尾 기로 했어요.

7 그 사람 마음을 **받아주기로 했어요**.

基本形 받아주다⇒ 語幹 받아주+ 語尾 기로 했어요.

8 정문 앞에서 **모이기로 했습니다**.

基本形 모이다⇒ 語幹 모이+ 語尾 기로 했습니다.

※6 **이제부터는**「これからは」**지금부터는**「今からは」
※7 **마음**「心」以外に「気持ち」という意味としても日常会話でよく使われる。
※7「気持ちを受け入れる」というニュアンスもある。

16 ~잖아(요)

～じゃないですか？、～じゃない

🔊 016

1 **可哀想じゃないですか。** ヨ体

2 我が家の大黒柱**でしょう。** ヨ体

3 末っ子**じゃないですか。**大目にみて下さい。 ヨ体

4 友よ！ありがとう！
－何を(言っているの？)私達は友達**でしょう。** パンマル

5 メガネは(が)どこにあるのかな？
－今かけて**いるじゃないか！** パンマル

6 あの人、なんでああなんですか？
－すごく**酔っ払ったからでしょう。** ヨ体

7 ご飯食べた？
－お母さん！さっき何度も**言ったでしょ？** ヨ体

8 ハニー！何で電話くれなかったの？
すごく**心配したじゃない。** パンマル

補足メモ

※3 **막내**「末っ子」。 **예쁘게 보다**「直訳：可愛くみる」→「大目にみる」
※5 **안경을 쓰다**「メガネをかける」。**색안경을 쓰고(끼고) 보다**「色メガネをかけて見る」は「先入観を持っている」という意味としても使われている。**안경을 쓰고있다**「メガネをかけている」
※6 **이렇다**「こうだ」→ヨ体:**이래요**?、**그렇다**「そうだ」→ヨ体:**그래요**?、**저렇다**「ああだ」→ヨ体:**저래요**？

文法をおさえよう

※自分の意見や判断を強調する時や確認する時に使う。

用言の語幹 + **잖아(요)**

名詞 + **(이)잖아(요)**

※この表現には、「当たり前の事でしょう？」「だから水臭い事は言わないで！」「だから許してあげてね」などの意味が省略されていると思って下さい。
※**잖아요**は～**지 않아요**を縮約したもの。

1 **불쌍하잖아요**.

基本形 불쌍하다⇒ 語幹 **불쌍하**+ 語尾 **잖아요**

2 우리집 가장**이잖아요**.

名詞 **가장**+ 語尾 **이잖아요**

3 막내**잖아요**. 예쁘게 봐 주세요.

名詞 **막내**+ 語尾 **잖아요**

4 친구야! 고맙다. – 뭘. 우린 친구**잖아**.

名詞 **친구**+ 語尾 **잖아**

5 안경이 어디있지? – 지금 쓰고 **있잖아**.

基本形 있다⇒ 語幹 **있**+ 語尾 **잖아**

6 저 사람 왜 저래요? – 많이 **취했잖아요**.

基本形 취하다⇒ 語幹 **취하**+ 語尾 **였잖아요**

7 밥 먹었니? – 엄마! 아까 몇 번이나 **말했잖아요**.

基本形 말하다⇒ 語幹 **말하**+ 語尾 **였잖아요**

8 자기야! 왜 전화 안 했어? 많이 **걱정했잖아**.

基本形 걱정하다⇒ 語幹 **걱정하**+ 語尾 **였잖아**

※6 **왜 저래요**？は**왜 저렇게 됐어요**？「あのようになりましたか？」のニュアンスで使われている。
※7 **말**「言葉」＋**하다**「する・やる」→**말하다**「言う、話す」
※8 **여보**は夫婦間、お互いを呼ぶ時、**자기**は一般的に（付き合っている）カップルがお互いを呼ぶときに多く使う。

17 ~거든(요)

～んだ、～んだけどね

017

[1] 今日は家がきれいね。

ーちょっと後で友達が**来るんだ。** パンマル

[2] 美容室行ってきたの？

ーうん、デートの約束が**あるんだ。** パンマル

[3] どうしてこんなに急ぐのですか？

ー時間が**ないんです。** 요体

[4] 土曜日も働くのですか？

ーはい、週末がもっと**忙しいんです。** 요体

[5] 今、行かなければならないですか？

ーはい、家に急な用事が**ありまして。** 요体

[6] まだ仕事が**残っているんですけどね。** 요体

[7] 韓国語を全く**できないんですけどね。** 요体

[8] 実は今日が私の誕生日**なんです。** 요体

補足メモ

※[2] **갔다**「行った」＋**왔다**「来た」→ **갔다왔다**「行ってきた」

※[5] **일이 생기다**「用事ができる」「面倒なことが生じる」「困ったことができる」

※[5] **생기다**「生ずる」「物事が起こる」「(今までなったものが)できる」は、過去形の形で使われる場合も多い。例)**얼굴이 잘 생겼어요**(○)**얼굴이 잘 생겨요**(×)顔がハンサムです。

文法をおさえよう

用言の語幹 + 거든(요)　名詞 + (이)거든(요)

※自分の話に説明を補足する時や相手から「なぜ？どうして？」ときかれたときの答え（「～ということです」「～(する)からだ」）としてよく使われる。

1 오늘은 집이 깨끗하다 . – 조금 이따가 친구가 **오거든** .

基本形 오다⇒ 語幹 **오**+ 語尾 **거든**

2 미용실 갔다왔어 ? – 응 , 데이트약속이 **있거든** .

基本形 있다⇒ 語幹 **있**+ 語尾 **거든**

3 왜 그렇게 서둘러요 ? – 시간이 **없거든요** .

基本形 없다⇒ 語幹 **없**+ 語尾 **거든요**

4 토요일도 일해요 ? – 네 , 주말이 더 **바쁘거든요** .

基本形 바쁘다⇒ 語幹 **바쁘**+ 語尾 **거든요**

5 지금 가야 돼요 ? – 네 , 갑자기 집에 일이 **생겼거든요** .

基本形 생기다⇒ 語幹 **생기**+ 語尾 **었거든요**

6 아직 일이 **남아있거든요** .

基本形 남아있다⇒ 語幹 **남아있** + 語尾 **거든요**

7 한국어를 전혀 **못하거든요** .

基本形 못하다⇒ 語幹 **못하**+ 語尾 **거든요**

8 사실은 오늘이 제 생일**이거든요** .

基本形 이다⇒ 語幹 **이**+ 語尾 **거든요**

※7 **못하거든요 [모타거든뇨]**
※0 **시실은**「直訳：事実は」、**실은**「実は」と一緒に日常会話で頻繁に使用されている。
※3～8 ～**거든요 [거든뇨]**

18 ~ 았/었거든(요)

～んだ、～んだけどね、～だったからね(過去)

🔊 018

1 おばあちゃんは人気(が)ありましたか？
ー昔は本当に**可愛かったんだよ。** パンマル

2 今は人気(が)ないですか？
ー歳を**とったからね。** パンマル

3 体が丈夫ですね。
ー山にしょっちゅう**登っていたからですよ。** 요体

4 車(を)買いましたか？
ーボーナスをたくさん**もらいましたからね。** 요体

5 髪の毛が短かったんですね。
ーその時は軍人**でしたからね。** 요体

6 この選手のニックネームが野獣ですか？
ー目の輝きが**鋭かったですからね。** 요体

7 軍隊に行かない(の)ですか？
ーはい、オリンピックでメダルを**とったんです。** 요体

8 なぜ泣いていますか？
ー娘が昨日オーストラリアに**留学(に)行ったんです。** 요体

補足メモ

※2 **나이를 먹다**「直訳：歳を食べる」→「歳をとる」
※3 **단단하다**「体が固い」「中身が充実してしっかりしている」
※3 **오르다**「登る」 **오르다**「登る」→ **오** + **르**(脱落) + **ㄹ랐다** → **올랐다**「登った」
※5「髪の毛」は正しくは**머리카락**だが、日常会話では**머리**と言う場合も少なくない。

文法をおさえよう

* 語幹の最後に「ㅗ」か「ㅏ」あり

用言の語幹 + (았) 거든(요)
用言の語幹 + (았) 었거든(요) ←「過去」の表現より思い出を強調するニュアンス

* 語幹の最後に「ㅗ」か「ㅏ」なし

用言の語幹 +(었)거든(요)
用言の語幹 +(었)었거든(요) ←「過去」の表現より思い出を強調するニュアンス

※「大過去」とも呼ばれる **~았 / 었었다**の表現は、「過去」の表現より思い出を強調するニュアンスがある。一般的には過去のある時点より先にあった時点から過去の時点までの継続を表す。

1 할머니가 인기 있었어요 ?
– 옛날에는 진짜 **예뻤었거든** .
基本形 예쁘다
⇒ 語幹 예쁘 + 語尾 었었거든 (ㅡ脱落)

2 지금은 인기 (가) 없어요 ?
– 나이를 **먹었거든** .
基本形 먹다
⇒ 語幹 먹 + 語尾 었거든

3 몸이 단단하네요 .
– 산에 자주 **올랐었거든요** .
基本形 오르다
⇒ 語幹 오르 + 語尾 ㄹ랐었거든요 (르脱落)

4 자동차 (를) 샀어요 ?
– 보너스를 많이 **받았거든요** .
基本形 받다
⇒ 語幹 받 + 語尾 았거든요

5 머리가 짧았네요 .
– 그 때는 군인**이었거든요** .
名詞 군인 + 語尾 이었거든요

6 이 선수 별명이 야수예요 ?
– 눈빛이 **날카로웠었거든요** .
基本形 날카롭다
⇒ 語幹 날카롭 + 語尾 웠었거든요 (ㅂ脱落)

7 군대에 안 가요 ?
–네, 올림픽에서 메달을 **땄거든요**.
基本形 따다
⇒ 語幹 따 + 語尾 았거든요

8 왜 울어요 ?
– 딸이 어제 호주로 **유학갔거든요** .
基本形 유학가다
⇒ 語幹 유학가 + 語尾 았거든요

※6 **별명**「直訳：別名→ニックネーム」
※6 **눈빛**「目つき」「目の輝き」、**날카롭다**「鋭い」**날카로운 눈빛**「鋭い眼光」
※7 **메달을 따다**「メダルをとる」
※8 **호주**「韓国式漢字：濠洲」「オーストラリア=**오스트레일리아**」

19 ~다고(요)

～と、～だと、～って

019

1 だめ！だめ**だって！** パンマル

2 本当に**離婚するんですって**？ 요体

3 今、**出発するんですって**？ 요体

4 今、寝て**いるんですって**？ 요体

5 韓国に**留学(に)行くんですって**？ 요体

6 返品・交換が**できないんですって**？ 요体

7 本部長に**昇進するんですって**？ 요体

8 その友達が**お腹を壊したんですって**？ 요体

補足メモ

※1 **안되다**「うまくいかない」「目標に至らない」「水準に届かない」「可愛そう」、**안 되다**「不可や断る時に使用」→ヨ体**안 돼요**、ニダ体**안 됩니다**、「分かち書き」の有無によって意味は変わるが、日常会話で区別する人はいない。本文では理解のため、基本形を **안 되다**と表記する。**말이 안되다**「話にならない」，**안됐다**「気の毒だ」も日常会話では頻繁に使われる。

文法をおさえよう

動詞の語幹：パッチムなし+ㄴ 다고(요)	動詞の語幹：パッチムあり+는 다고(요)
形容詞・存在詞の語幹+다고(요)	

※指定詞の現在形→(이)라고/아니라고

例 **못한다고요?** できないんですって？
못했다고요? できなかったんですって？

※自分の話を繰り返したり強調したりする時や他人の話を確認したり問いただしたりする時に用いる表現。

※「ㄴ다고」の「고」は口語で「～구」として使用されるケースが多い。

1 안 돼！ **안 된다구**！

基本形 안 되다⇒ 語幹 **안 되**+ 語尾 **ㄴ다구**

2 진짜 **이혼한다구요**？

基本形 이혼하다⇒ 語幹 **이혼하**+ 語尾 **ㄴ다구요？**

3 지금 **출발한다구요**？

基本形 출발하다 ⇒ 語幹 **출발하**+ 語尾 **ㄴ다구요？**

4 지금 자고 **있다구요**？

基本形 있다⇒ 語幹 **있**+ 語尾 **다구요？**

5 한국으로 **유학간다고요**？

基本形 유학가다⇒ 語幹 **유학가**+ 語尾 **ㄴ다구요？**

6 반품，교환이 **안된다고요**？

基本形 안되다⇒ 語幹 **안되**+ 語尾 **ㄴ다구요？**

7 본부장으로 **승진한다고요**？

基本形 승진하다⇒ 語幹 **승진하**+ 語尾 **ㄴ다구요？**

8 그 친구가 **배탈이 났다구요**？

基本形 (배탈이) 나다⇒ 語幹 **나**+ 語尾 **았다구요？**

※2 反 **이혼**「離婚」⇔ 反 **결혼**「結婚」
※5「留学する」のではなく、**유학가다**「留学行く」と表現する。
※7 **승진**「昇進」
※8 **배탈이 나다**は「（食あたりなどを含めて）お腹をこわす」という意味。

20 ~나요? / ~ㄴ(은)가요?

～ですか？、～でしょうか？、～なんですか？、～んですか？

🔊 020

1 今日、**会うことはできるのでしょうか**？ 요体

2 日本語メニューは**ないでしょうか**？ 요体

3 スマートフォンは（値段が）**高いでしょうか**？ 요体

4 おいくつでしょうか？（直訳：歳がどうなりますでしょうか？） 요体

5 家の近所にコンビニが**あるでしょうか**？ 요体

6 校内暴力問題が**深刻でしょうか**？ 요体

7 ヘアスタイルが**おかしいでしょうか**？ 요体

8 韓国語で**話すことができるのでしょうか**？ 요体

補足メモ

※3 形容詞は **~ㄴ(은) 가요？**を使うべきだが、**~ 나요？**を使う人もいる。動詞・存在詞の場合、**~ 나요？**以外に **~ㄴ(은) 가요？**を使うのは不自然。

※3 英語の [f] の発音は韓国語で [p] として発音されるケースが多い。**팩스**「ファックス：fax[ペㇰス]」、**스마트폰**「スマートフォン：smart phone[スマトゥ　ポン]」

文法をおさえよう

※柔らかく強調する丁寧な質問の語尾。

動詞・存在詞の語幹+ **나요**　例 **이거 맛있나요?** これ、おいしいですか？

※形容詞・指定詞
＊ パッチムがない場合　形容詞・指定詞の語幹 +ㄴ가요?
＊ パッチムがある場合　形容詞・指定詞の語幹 +은가요?

例外＞ ㄹパッチム 語幹からパッチムㄹを脱落させ＋ㄴ가요?

※形容詞は～ㄴ(은)가요?を使うべきだが、～나요？を使う人も少なくない。3

1 오늘 **만날 수 있나요**?

基本形 (만날 수) 있다⇒ 語幹 **있**+ 語尾 **나요?**

2 일본어 메뉴는 **없나요**?

基本形 없다⇒ 語幹 **없**+ 語尾 **나요?**

3 스마트폰은 **비싸나요**?

基本形 비싸다⇒ 語幹 **비싸**+ 語尾 **나요?**

4 나이가 어떻게 **되나요**?

基本形 되다⇒ 語幹 **되**+ 語尾 **나요?**

5 집 근처에 편의점이 **있나요**?

基本形 있다⇒ 語幹 **있**+ 語尾 **나요?**

6 학교폭력문제가 **심각한가요**?

基本形 심각하다⇒ 語幹 **심각하**+ 語尾 **ㄴ가요?**

7 머리 스타일이 **이상한가요**?

基本形 이상하다⇒ 語幹 **이상하**+ 語尾 **ㄴ가요?**

8 한국말로 **이야기할 수 있나요**?

基本形 (이야기할 수) 있다⇒ 語幹 **있**+ 語尾 **나요?**

※4 **어떻게 되나요**？「直訳：どのようになりますか？」
※5 **편의점**「コンビニ（直訳：便宜店）」
※6 **학교폭력** [**학꾜퐁녁**]「校内暴力（直訳：学校暴力）」

21 ~(으)시지요

~(するのは)いかがでしょうか？、
~して下さい

021

1 少しだけ**休んで下さい**。 요体

2 ここに**座って下さい**。 요体

3 一旦一緒に**行きましょうか**。 요体

4 メガネをかけて**みて下さい**。 요体

5 少しでも**召し上がって下さい**。 요体

6 家に連絡して**みて下さい**。 요体

7 もう一度**聞いてみて下さい**。 요体

8 後でまた**連絡して下さい**。 요体

補足メモ

※1 尊 **쉬시다** ←**쉬다**（休む）尊 **앉으시다**←**앉다**（座る）尊 **가시다**←**가다**（行く）
尊 **드시다**←**먹다**（食べる）尊 **보시다**←**보다**（みる）尊 **하시다**←**하다**（やる）

※3 **같이** [**가치**]

文法をおさえよう

勧誘を意味する「～지요」に尊敬の「～(으)시」をつけた「～(으)시지요」は、目上の人や礼儀を守らないといけない相手に柔らかく丁寧におすすめするときに用いられる。

＊ 語幹の最後にパッチムなし

動詞の語幹+**시지요**

＊ 語幹の最後にパッチムあり

動詞の語幹+**으시지요**

例外＞ ㄹパッチム 語幹からパッチムㄹを脱落させ＋시지요

1 조금만 **쉬시지요** .

基本形 쉬다⇒ 語幹 **쉬**+ 語尾 **시지요**

2 여기에 **앉으시지요** .

基本形 앉다⇒ 語幹 **앉**+ 語尾 **으시지요**

3 일단 같이 **가시지요** .

基本形 가다⇒ 語幹 **가**+ 語尾 **시지요**

4 안경을 써 **보시지요** .

基本形 보다⇒ 語幹 **보**+ 語尾 **시지요**

5 조금이라도 **드시지요** .

基本形 드시다⇒ 語幹 **드시**+ 語尾 **지요**

6 집으로 연락해 **보시지요** .

基本形 보다⇒ 語幹 **보**+ 語尾 **시지요**

7 다시 한 번 **물어보시지요** .

基本形 물어보다⇒ 語幹 **물어보**+ 語尾 **시지요**

8 이따가 다시 **연락하시지요** .

基本形 연락하다⇒ 語幹 **연락하**+ 語尾 **시지요**

※4 **안경을 쓰다**「メガネをかける」、**쓰다**＋**보다**⇒ **써 보다**
※5 **(이)라도**「～でも」
※7 **물어보다**「尋ねてみる」、**듣다**を使って**들어보다**「聞いてみる」と言わないように注意！

22 ~다고 하다:間接話法

～だと言う、～だそうだ

022

1 **忙しいそうです。** 니다体

2 会い**たいそうです。** 니다体

3 やることが**あるそうです。** 니다体

4 雰囲気が**よくないそうです。** 요体

5 週末(に)は**暇だそうです。** 요体

6 北朝鮮(に)は美人が**多いそうです。** 요体

7 前もって**予約できるそうです。** 니다体

8 日本にはキムチ冷蔵庫が**ないそうです。** 니다体

補足メモ

※6 **북한**「北朝鮮（直訳：北韓）」、**남한**「韓国（直訳：南韓）」

※7 **예약하다**「予約する」 **예약할 수 있다**「予約することができる」

文法をおさえよう

形容詞・存在詞の語幹+다고 하다

※~다고 하다⇒「~다고 말하다」の말が省略されたと考えて下さい。

※60課「~대요」という表現と比較しながらチェック！

例> 바쁘다고 합니다.
忙しいそうです。
⇒ 바쁘대요.
忙しいんですって。

1 **바쁘다고 합니다**.

基本形 바쁘다⇒ 語幹 바쁘+ 語尾 다고 합니다

2 만나고 **싶다고 합니다**.

基本形 싶다⇒ 語幹 싶+ 語尾 다고 합니다

3 할 일이 **있다고 합니다**.

基本形 있다⇒ 語幹 있+ 語尾 다고 합니다

4 분위기가 **안 좋다고 해요**.

基本形 좋다⇒ 語幹 좋+ 語尾 다고 해요

5 주말에는 **한가하다고 해요**.

基本形 한가하다⇒ 語幹 한가하+ 語尾 다고 해요

6 북한에는 미인이 **많다고 해요**.

基本形 많다⇒ 語幹 많+ 語尾 다고 해요

7 미리 **예약할 수 있다고 합니다**.

基本形 (예약할 수) 있다⇒ 語幹 있+ 語尾 다고 합니다

8 일본에는 김치냉장고가 **없다고 합니다**.

基本形 없다⇒ 語幹 없+ 語尾 다고 합니다

23 ~ㄴ/는다고 하다:間接話法

~だと言う、~だそうだ

🔊 023

1 よく**知っているそうです。** 니다体

2 8時に**行くそうです。** 니다体

3 **後悔しないそうです。** 니다体

4 午後から雨が**降るそうです。** 요体

5 今果物を**洗うそうです。** 니다体

6 東大門市場で**売っているそうです。** 니다体

7 韓国語を少しも**知らないそうです。** 니다体

8 その時の思い出を**忘れられないそうです。** 요体

補足メモ

※1 基 **알다**「知る」「分かる」

※6 基 **팔다**「売る」

※7 直訳：**하나도**「直訳：一つも」の意味以外に、「少しも」という意味としてもよ

文法をおさえよう

* 語幹の最後にパッチムなし　**動詞の語幹+ ㄴ다고 하다**
* 語幹の最後にパッチムあり　**動詞の語幹+는다고 하다**
* ㄹパッチムありの場合：ㄹが脱落　**動詞の語幹+ㄴ 다고하다**

※～ㄴ/는다고 하다⇒「～ㄴ/는다고 말하다」の말が省略されたと思って下さい。
⇒「～대요」という表現と比較しながら一緒にチェック！

例）　잘 안다고 합니다.　⇒　잘 안대요.
よく知っているそうです　　よく知っているんですって。

※59課60課と比較参照。

1 잘 **안다고 합니다**.

基本形 알다⇒ 語幹 알+ 語尾 ㄴ다고 합니다（ㄹ脱落）

2 여덟 시에 **간다고 합니다**.

基本形 가다⇒ 語幹 가+ 語尾 ㄴ다고 합니다

3 **후회하지 않는다고 합니다**.

基本形 후회하지 않다⇒ 語幹 않+ 語尾 는다고 합니다

4 오후부터 비가 **온다고 해요**.

基本形 오다⇒ 語幹 오+ 語尾 ㄴ다고 해요

5 지금 과일을 **씻는다고 합니다**.

基本形 씻다⇒ 語幹 씻+ 語尾 는다고 합니다

6 동대문 시장에서 **판다고 합니다**.

基本形 팔다⇒ 語幹 팔+ 語尾 ㄴ다고 합니다（ㄹ脱落）

7 한국말을 하나도 **모른다고 합니다**.

基本形 모르다⇒ 語幹 모르+ 語尾 ㄴ다고 합니다

8 그 때의 추억을 **잊지 못한다고 해요**.

基本形 (잊지) 못하다⇒ 語幹 못하+ 語尾 ㄴ다고 해요

く使われる
※8 **추억**「思い出（直訳：追憶）」

24 形容詞・存在詞の語幹＋
지 않다고 하다
～ではないそうだ

024

1 **忙しくないそうです。** 니다体

2 **謙遜ではないそうです。** 니다体

3 背が**高くないそうです。** 니다体

4 部屋が**きれいではないそうです。** 니다体

5 その子供は**お利口ではないそうです。** 니다体

6 家はそんなに**広くないそうです。** 니다体

7 歳をそんなに**とってないそうです。** 니다体

（直訳：歳がそんなに**多くないそうです。**）

8 嫁の顔は**きれいではないそうです。** 니다体

補足メモ

※3「背が高い：**키가 높다**」と言わないように注意！「背が高い(大きい)：**키가 크다**」が正しい。

※5 **착하다**「お利口だ」「善良だ」

文法をおさえよう

形容詞・存在詞の語幹+지 않다고 하다

※22課の~**다고 하다**の否定形

「~**지 않대요**」という表現に代替できる。

例＞ 바쁘지 않다고 합니다. ⇒ 바쁘지 않대요.
忙しくないそうです。 忙しくないんですって。

1 **바쁘지 않다고 합니다**.

基本形 바쁘다⇒ 語幹 **바쁘**+ 語尾 **지 않다고 합니다**

2 **겸손하지 않다고 합니다**.

基本形 겸손하다⇒ 語幹 **겸손하**+ 語尾 **지 않다고 합니다**

3 키가 **크지 않다고 합니다**.

基本形 크다⇒ 語幹 **크**+ 語尾 **지 않다고 합니다**

4 방이 **깨끗하지 않다고 합니다**.

基本形 깨끗하다⇒ 語幹 **깨끗하**+ 語尾 **지 않다고 합니다**

5 그 아이는 **착하지 않다고 합니다**.

基本形 착하다⇒ 語幹 **착하**+ 語尾 **지 않다고 합니다**

6 집은 그렇게 **넓지 않다고 합니다**.

基本形 넓다⇒ 語幹 **넓**+ 語尾 **지 않다고 합니다**

7 나이가 그렇게 **많지 않다고 합니다**.

基本形 많다⇒ 語幹 **많**+ 語尾 **지 않다고 합니다**

8 며느리 얼굴이 **예쁘지 않다고 합니다**.

基本形 예쁘다⇒ 語幹 **예쁘**+ 語尾 **지 않다고 합니다**

※6 **넓지 [널찌]**。**넓다**「広い」**[널따]** ⇔**좁다**「狭い」**[좁따]**
※8 **며느리**「息子の嫁」
※8 日本語では「~は」で表現するものも、韓国語では**이 / 가**「~が」と表現することがある。

25 ~아/어 죽겠다, ~아/어 미치겠다

死ぬほど~だ(直訳:死にそう)、変になりそう

🔊 025

1 **眠くて死にそうです。** 요体

2 **お腹がすいて死にそうです。** 요体

3 **しんどくて死にそうです。** 요体

4 **会いたくて死にそうです。** 요体

5 子供が**好きでたまらないです。** 요体

6 働くのが**嫌で死にそうです。** 니다体

7 嫁のことで**変になりそうです。** 니다体

8 旦那のせいで**変になりそうです。** 니다体

補足メモ

※4 **보다**「見る」普通は「会ってから見る」ことになるので、「会う」という意味でもよく使われる。例) **보고 싶다**「見たい」←「会いたい」という意味としても使う。

※6 働くこと自体が嫌いというより、「今日は仕事したくないなぁ」というニュアンスで使われるケースが多い。

文法をおさえよう

※こういうわけで「～大変だ」という感情が極度に達している事を意味し、より感情を強調して表現する時に用いる。

＊ 語幹の最後にㅗかㅏあり	動詞·形容詞の語幹+ **아 죽겠다/미치겠다.**
＊ 語幹の最後にㅗかㅏなし	動詞·形容詞の語幹+ **어 죽겠다/미치겠다.**

1 **졸려 죽겠어요**.

基本形 졸리다⇒ 語幹 **졸리**+ 語尾 **어 죽겠어요**

2 **배고파 죽겠어요**.

基本形 배고프다 ⇒ 語幹 **배고프**+ 語尾 **아 죽겠어요**（ㅡ脱落）

3 **힘들어 죽겠어요**.

基本形 힘들다⇒ 語幹 **힘들**+ 語尾 **어 죽겠어요**

4 **보고 싶어 죽겠어요**.

基本形 보고 싶다⇒ 語幹 **보고 싶**+ 語尾 **어 죽겠어요**

5 아이가 **좋아 죽겠어요**.

基本形 좋다⇒ 語幹 **좋**+ 語尾 **아 죽겠어요**

6 일하기 **싫어 죽겠습니다**.

基本形 싫다⇒ 語幹 **싫**+ 語尾 **어 죽겠습니다**

7 아내 때문에 **미치겠습니다**.

基本形 미치다⇒ 語幹 **미치**+ 語尾 **겠습니다**

8 남편 때문에 **미치겠습니다**.

基本形 미치다⇒ 語幹 **미치**+ 語尾 **겠습니다**

※7「嫁のこと」を**아내의 일**と言わないように注意！
※8「旦那のせい」を直訳して**남편의 탓**と言わないように注意！
※7 ※8 **때문에**「～せいで」という意味だけでなく、「～ために」という意味としてもよく使われるので、文脈を考えながら把握する必要がある。

26 ~아/어 놓다, ~아/어 두다

~しておく

🔊 026

1 **放っておいて。** パンマル

2 そこに**置いておいて。** パンマル

3 私が**やっておくね。** パンマル

4 机の上に**置いておきましょうか**？ 요体

5 書類を**準備しておいてください。** 요体

6 前もって**連絡しておきましたか？** 니다体

7 今日は忙しいから今たくさん**食べておいて。** パンマル

8 レストランは前もって**予約しておきましたか**？ 니다体

補足メモ

※1 2 **놓아 둬⇒놔 둬**
※6 **열락해 [열라캐]**
※8 **예약해 [예야캐]**

文法をおさえよう

＊ 語幹の最後にㅗかㅏあり

動詞の語幹+**아 놓다/두다**

＊ 語幹の最後にㅗかㅏなし

動詞の語幹+**어 놓다/두다**

例外＞하다⇒해 놓다/두다

※～아/어 두다の方がその結果をより長く保つことを表す。

1 **놔 둬**.

基本形 놓다⇒ 語幹 놓+ 語尾 아 둬

2 거기 **놔 둬**.

基本形 놓다⇒ 語幹 놓+ 語尾 아 둬

3 내가 **해 놓을게**.

基本形 하다⇒ 語幹 하+ 語尾 여 놓을게

4 책상 위에 **놔 둘까요**?

基本形 놓다⇒ 語幹 놓+ 語尾 아 둘까요?

5 서류를 **준비해 놓으세요**.

基本形 준비하다⇒ 語幹 준비하+ 語尾 여 놓으세요

6 미리 **연락해 놓았습니까**?

基本形 연락하다⇒ 語幹 연락하+ 語尾 여 놓았습니까?

7 오늘은 바쁘니까 지금 많이 **먹어 둬**.

基本形 먹다⇒ 語幹 먹+ 語尾 어 둬

8 레스토랑은 미리 **예약해 놓았습니까**?

基本形 예약하다⇒ 語幹 예약하+ 語尾 여 놓았습니까?

27 ~ㄹ/을 텐데(요)

～はずなのに、～だろうに

🔊 027

[1] 何の心配も**ないはずですけどね。** 요体

[2] クーラーをつけないと**暑いでしょうに。** 요体

[3] コンサートをみたら元気に**なるはずです。** 요体

[4] 息子が結婚さえすれば死んでも思い残すことが**ないのに。**

（遺恨[直訳：餘恨]が**ないのに。**） パンマル

[5] 他人からお金を借りるのは**難しいでしょうに。** 요体

[6] ファッションに気を使ったら人気が**あるはずなのに。** パンマル

[7] 旦那さんがたくさん稼いできたら**いいですけどね。** 요体

[8] タバコをたくさん吸うと体に**害になるでしょうに。** 요体

補足メモ

※[3] **기운**「直訳：気運」＋**나다**「出る」→**기운이 나다**「元気が出る、元気になる（直訳：気運が出る）」
기운을 내다「元気を出す」

※[4] **장가**「男が結婚すること」⇔**시집**「女が結婚すること」、**결혼하다**「結婚する」：**장가를 가다**「結婚をする」⇔**시집을 가다**「結婚をする」

※[4] **여한**「餘恨」**이 없다**→「思い残すことがない」「（死んでも）何の悔いもない」

文法をおさえよう

※話し手の強い意志や推測・予定などを表す表現。

* 語幹の最後にパッチムなし　用言の語幹 + ㄹ 텐데(요)
* 語幹の最後にパッチムあり　用言の語幹 + 을 텐데(요)

※例外＞ ㄹパッチム 語幹からパッチムㄹを脱落させ＋ㄹ 텐데(요)
例)살다→살 텐데(요)　길다→길 텐데(요)

1 아무 걱정이 **없을 텐데요**.

基本形 없다⇒ 語幹 없+ 語尾 을 텐데요

2 에어컨을 안 켜면 **더울 텐데요**.

基本形 덥다⇒ 語幹 덥+ 語尾 우+ㄹ 텐데요（ㅂ脱落）

3 콘서트를 보면 기운이 **날 텐데요**.

基本形 나다⇒ 語幹 나+ 語尾 ㄹ 텐데요

4 아들이 장가만 가면 죽어도 여한이 **없을 텐데**.

基本形 없다⇒ 語幹 없+ 語尾 을 텐데

5 남한테 돈을 빌리기는 **힘들 텐데요**.

基本形 힘들다⇒ 語幹 힘들+ 語尾 ㄹ 텐데요（ㄹ脱落）

6 패션에 신경을 쓰면 인기가 **있을 텐데**.

基本形 있다⇒ 語幹 있+ 語尾 을 텐데

7 남편이 돈을 많이 벌어 오면 **좋을 텐데요**.

基本形 좋다⇒ 語幹 좋+ 語尾 을 텐데요

8 담배를 많이 피우면 몸에 **해로울 텐데요**.

基本形 해롭다⇒ 語幹 해롭+ 語尾 우+ㄹ 텐데요（ㅂ脱落）

※5 **남**「他人」、**타인**「直訳：他人」　※5「～から」の口語「**～한테**」「**～한테서**」は日常会話で頻繁に使われる。
※6 **신경을 쓰다**「神経を使う」→「気を使う」
※7 ㉧ **벌다**「稼ぐ、儲ける」、**벌어 오다**「稼いでくる」
※8 **해롭다**「害になる」、**담배를 피우다**「タバコを吸う」

28 ~았/었으면 좋겠다

~してほしい、~すればうれしいのだが、~できればいいのだが

028

1 お金が**たくさんあればうれしいのですが。** 요体

2 考えを**変えてほしいですか？** 요体

3 試験に**合格できたらいいです。** 요体

4 早くその日が**来たらいいですね。** 요体

5 歳を**とらなかったらいいですね。** 니다体

6 しわ、しみが**無くなったらいいですね。** 니다体

7 お手伝いさんが**いたらいいのですが。** 니다体

8 明日は雨が**降らないでほしいですか？** 니다体

補足メモ

※2 **바꾸 + 었으면 → 바꿨으면**
※4 **오 + 았으면 → 왔으면**
※7 **가사도우미**は**파출부**（派出婦）の新語：「お手伝いさん」、**가정부**「家政婦」もよく使われている。

文法をおさえよう

※直接の意味は「～してほしい」になるのだが、日本語では「～なら(だったら)嬉しい」と訳される場合が多い。「～なら(だったら)嬉しいですが: ~ (으)면 좋겠습니다만」と訳される場合もある。

* 語幹の最後に「ㅗ」か「ㅏ」あり　用言の語幹 + **았으면 좋겠다**
* 語幹の最後に「ㅗ」か「ㅏ」なし　用言の語幹 + **었으면 좋겠다**
* 例外:하다⇒했으면 좋겠다

1 돈이 **많았으면 좋겠어요**.

基本形 많다⇒ 語幹 많+ 語尾 았으면 좋겠어요

2 생각을 **바꿨으면 좋겠어요**?

基本形 바꾸다⇒ 語幹 바꾸+ 語尾 었으면 좋겠어요?

3 시험에 **합격했으면 좋겠어요**.

基本形 합격하다⇒ 語幹 합격하+ 語尾 였으면 좋겠어요

4 빨리 그 날이 **왔으면 좋겠어요**.

基本形 오다⇒ 語幹 오+ 語尾 았으면 좋겠어요

5 나이를 **안 먹었으면 좋겠습니다**.

基本形 먹다⇒ 語幹 먹+ 語尾 었으면 좋겠습니다

6 주름, 기미가 **없어졌으면 좋겠습니다**.

基本形 없어지다⇒ 語幹 없어지+ 語尾 었으면 좋겠습니다

7 가사도우미가 **있었으면 좋겠습니다**.

基本形 있다⇒ 語幹 있+ 語尾 었으면 좋겠습니다

8 내일은 비가 **안 왔으면 좋겠습니까**?

基本形 오다⇒ 語幹 오+ 語尾 았으면 좋겠습니까?

29 ~라는(란) 말이다, ~다는(단) 말이다

~という意味だ、~ということだ、~と言っているのだ

029

1 やめてって**言ってるでしょ！** パンマル

2 それが事実**ということですか？** 요体

3 一体どうしろ**というのですか？** 니다体

4 話が幼稚**ということですか？** 니다体

5 これからも１人で生きろ**ということですか？** 요体

6 私が子供っぽい**ということですか？** 니다体

7 他の女に会わないでっ**て言ってるでしょ！** パンマル

8 社長がまだ独身**ということですか？** 요体

補足メモ

※1 **그만**「それぐらい、その程度で」＋**하다→그만하다**「その程度にする」「やめる」
※3 **어떡하란←어떡하라는**の縮約形　※4 **얘기← 이야기**の縮約形
※6 **같단←같다는**の縮約形

文法をおさえよう

~란 말이다, ~단 말이다は体言や助詞、または用言の語尾-ㄴの後に使われて、語調を整えたり、聞き手の注意を引くために使う言葉。また、相手の話を聞いて驚きを表すときや別の文章に変えて問い返すことで、もう一度確認するときにも用いられる。

~란(라는)

パッチムあり+ 으란
パッチムなし+란
ㄹパッチム+란

※指定詞の現在形→(이)란/아니란

~단(다는)

動詞の語幹：パッチムあり+는 단
動詞の語幹：パッチムなし+ㄴ 단
形容詞・存在詞の語幹+단

1 그만하**란 말이야**!

基本形 그만하다⇒ 語幹 **그만하**+ 語尾 **란 말이야!**

2 그게 사실**이란 말이에요**?

名詞 **사실**+ 語尾 **이란 말이에요?**

3 도대체 어떡하**란 말입니까**?

基本形 어떡하다⇒ 語幹 어떡하+ 語尾 **란 말입니까?**

4 얘기가 유치하**단 말입니까**?

基本形 유치하다⇒ 語幹 **유치하**+ 語尾 **단 말입니까?**

5 앞으로도 혼자 살**란 말이에요**?

基本形 살다⇒ 語幹 **살**+ 語尾 **란 말이에요?**

6 제가 애기 같**단 말입니까**?

基本形 같다⇒ 語幹 **같**+ 語尾 **단 말입니까?**

7 다른 여자는 만나지 말**란 말이야**!

基本形 말다⇒ 語幹 **말**+ 語尾 **란 말이야!**

8 사장님이 아직 독신**이란 말이에요**?

名詞 **독신**+ 語尾 **이란 말이에요?**

※6 **애기⇒아기**（赤ちゃん）を間違って言う表現とも言われているのだが、**아가**（子供を呼ぶ時に使う言葉、その他にも舅・姑が若い嫁を呼ぶ時に使用される）と一緒に日常会話でよく使われる。
※8 **독신**「独身」←**총각**「未婚の男性」⇔ **처녀**「未婚の女性（直訳：処女）」

30 ~아/어야겠다

~しなくちゃ、~するぞ、~するべきだ、~するつもりだ、~する

030

1 君はちょっと**怒られるべきだ。** パンマル

2 保険に**入るべきだと思います。** 요体

3 もっと**努力しなければならないと思っています。** 니다体

4 一生懸命に**生きなければならないと思います。** 요体

5 あ~疲れた。**寝なきゃ。** パンマル

6 必ずそう**しなければならないですか？** 요体

7 筋肉を**作らなければと思います。** 요体

8 今家に**行かなければならないと思う。**ごめんね。 パンマル

補足メモ

※1 **혼나다**「怒られる」「ひどい目にあう」
※2 **보험에 들다**「保険に入る」
※5 **피곤하다**「疲れる」

文法をおさえよう

※意思をより強く表現するときに用いられる。

* 語幹の最後に「ㅗ」か「ㅏ」あり　**用言の語幹 + 아야겠다**
* 語幹の最後に「ㅗ」か「ㅏ」なし　**用言の語幹 + 어야겠다**
* 例外：하다⇒해야겠다

1 넌 **혼** 좀 **나야겠다**.

基本形 나다⇒ 語幹 나+ 語尾 아야겠다

2 보험에 **들어야겠어요**.

基本形 들다⇒ 語幹 들+ 語尾 어야겠어요

3 더 **노력해야겠습니다**.

基本形 노력하다⇒ 語幹 노력하+ 語尾 여야겠습니다

4 열심히 **살아야겠어요**.

基本形 살다⇒ 語幹 살+ 語尾 아야겠어요

5 아~피곤해. **자야겠다**.

基本形 자다⇒ 語幹 자+ 語尾 아야겠다

6 꼭 그렇게 **해야겠어요**?

基本形 하다⇒ 語幹 하+ 語尾 여야겠어요?

7 근육을 **만들어야겠어요**.

基本形 만들다⇒ 語幹 만들+ 語尾 어야겠어요

8 지금 집에 **가봐야겠다**. 미안해.

基本形 가보다⇒ 語幹 가보+ 語尾 아야겠다

※8 **가다**「行く」+**보다**「見る」→ **가보다**「行ってみる」

31 ~아/어 보다

~してみる

031

1 **食べてみて。** パンマル

2 一度**着てみて。** パンマル

3 **努力してみて。** パンマル

4 一度**やってみて。** パンマル

5 ひとまず、**付き合ってみて。** パンマル

6 チーズケーキを**食べてみました。** 니다体

7 きゅうりキムチを**作ってみましたか？** 요体

8 その人が韓国語で道を**尋ねてきました。** 니다体

補足メモ

※6 正しい表記は**케이크**だが、**케익**という表記も使われている。

※8 **물어봤습니다**「直訳：尋ねてみました」

※8 **묻다**「尋ねる」＋**보다**「見る」→**물어보다**「尋ねてみる」「聞いてみる」、相手に尋ねるという意味の**물어보다**は一つの単語になるのでマスをあけない。

文法をおさえよう

* 語幹の最後に「ㅗ」か「ㅏ」あり

用言の語幹+ **아 보다**

* 語幹の最後に「ㅗ」か「ㅏ」なし

用言の語幹+ **어 보다**

* 例外>**하다 ⇒ 해 보다**

※語尾　어/아の後の補助用言はマスを空ける(띄어쓰기)のが原則だが、空けなくても正しい表現として認められるので、両方使える。

1 **먹어 봐**.

基本形 먹다⇒ 語幹 **먹**+ 語尾 **어 봐**

2 한 번 **입어 봐**.

基本形 입다⇒ 語幹 **입**+ 語尾 **어 봐**

3 **노력해 봐**.

基本形 노력하다⇒ 語幹 **노력하**+ 語尾 **여 봐**

4 한 번 **해 봐**.

基本形 하다⇒ 語幹 **하**+ 語尾 **여 봐**

5 일단 **사귀어 봐**.

基本形 사귀다⇒ 語幹 **사귀**+ 語尾 **어 봐**

6 치즈케이크를 **먹어 봤습니다**.

基本形 먹다⇒ 語幹 **먹**+ 語尾 **어 봤습니다**

7 오이김치를 **만들어 봤어요**?

基本形 만들다⇒ 語幹 **만들**+ 語尾 **어 봤어요?**

8 그 사람이 한국말로 길을 **물어봤습니다**.

基本形 물어보다⇒ 語幹 **물어보**+ 語尾 **았습니다**

※8 **묻다 ⇒물 + 었습니다**.「直訳：尋ねました」
※8 **물어보다→물어보 + 았습니다**.「直訳：尋ねてみました」

コラム 1

辞書に出てこない流行りの表現

辞書を引いてもなかなか出てこない単語や表現の中には、若い学生の言葉だと思っていた表現がそのまま定着して使われるケースもあります。

情熱白先生が大学生のときに、ある先輩が「もちろんだよ！当然だよ」と言う場面でいつも「**당연하지**」と言わずに「**당근이지**：にんじんでしょ！」と言っていました。日本で言うと､「わけわかめ」になるのでしょうか？（笑）　発音が少し似ていて、話の流れで意味が何となくわかるのですが、情熱白先生は使わないようにしていました。しかし、いまだに使われています（笑）

新語が出た時に韓国人も戸惑う場合が多いのですが、文章の流れや雰囲気で意味を把握しています。中級レベル以上になると、直訳しにくい単語や表現も出てきたりします。その際には場面を想像しながら把握する方がよいと思います。ここでは、教科書には出ていなくても、最近日常会話や TV でよく出てくるいくつかの表現をご紹介します。

まずは､**공항패션**「直訳：空港ファッション」からチェックしましょう。韓国人はこの「空港ファッション」に非常にこだわります。空港に着いた段階で旅行のスイッチが入るので、飛行機に乗る前から旅行気分を満喫するため、衣装に気合い（笑）が入るわけです。一番のこだわりはやはりサングラスですね。一般人もこのように頑張っているので、K-POP スターも普通の格好で行くわけにはいきません。いつ写真を撮られるかわかりませんから。

ほかにも、ここ最近よく登場する表現には以下のようなものがあります。

헐 ➡ **あきれた時にリアクションとしてドラマなどでも頻繁に使われている。**

강추 ➡ **「直訳：強推」←「一押し」､강추は강력추천「直訳：強力推薦」を縮約した表現。**

심쿵 ➡ **「胸がドキドキ」､심장이 쿵쾅「直訳：心臓がキュンキュン」を縮約した表現。**

노잼 ➡ **No＋잼(재미있다の略)を合体させた表現。「つまらない､面白くない」**

꿀잼 ➡ **꿀蜂蜜(甘い･おいしいという肯定的なイメージ)＋잼(재미있다の略)を合体させた表現。「超おもしろい」**

あまり知られていない流行りの言葉の使いすぎには注意しましょう。

Part 2

多様な“語尾”をマスターしよう！

32 ~고

1)【並列】~て、~たり　2)【付帯状況】~て
3)【行為の順序】~てから

032

1 問題を**聴いて**返答して下さい。 요体

2 帽子を**かぶって**外に出かけましたか？ 니다体

3 ご飯を**食べて**歯を磨きました。 니다体

4 会議を**して**お茶を飲みました。 니다体

5 シャワーを**浴びて(して)**ビールを飲みました。 니다体

6 その話を**聞いて**びっくりしました。 요体

7 友達は銀行に**行って**、私は韓国語教室に行きました。 니다体

8 友達と爆弾酒を**飲んで**、語り合ったりもしました。 니다体

補足メモ

※3 **이를 닦다**「歯を磨く」
※6 A **깜짝 놀라다**「びっくりする」「驚かされる」、B **깜짝 놀래다**「びっくりさせる」
A と B を同じ意味として日常会話で頻繁に使われているが、相違点は次の通り。
●**놀라다**「予想していなかったことでびっくりする」意味で、目的語は必要ない。

文法をおさえよう

用言の語幹＋**고**	1)【並列】～て、～たり 7 8 2)【付帯状況】～て 2 3)【行為の順序】～てから 1 3 4 5 6

※前の行為・動作と後の行為・動作が時間的な順序でつながっていることのみを表現する場合や、関係のない各文章をただ並列するときに用いる。
※乗り物に乗るときの表現も頻繁に使われるのでチェック!
例)버스를 타고 나고야에 갔습니다. バスに乗って名古屋に行きました。

1 문제를 **듣고** 대답해 주세요.

基本形 듣다⇒ 語幹 듣+ 語尾 고

2 모자를 **쓰고** 밖에 나갔습니까?

基本形 쓰다⇒ 語幹 쓰+ 語尾 고

3 밥을 **먹고** 이를 닦았습니다.

基本形 먹다⇒ 語幹 먹+ 語尾 고

4 회의를 **하고** 차를 마셨습니다.

基本形 하다⇒ 語幹 하+ 語尾 고

5 샤워를 **하고** 맥주를 마셨습니다.

基本形 하다⇒ 語幹 하+ 語尾 고

6 그 이야기를 **듣고** 깜짝 놀랐어요.

基本形 듣다⇒ 語幹 듣+ 語尾 고

7 친구는 은행에 **가고** 저는 한국어교실에 갔습니다.

基本形 가다⇒ 語幹 가+ 語尾 고

8 친구들과 폭탄주도 **마시고** 이야기도 나누었습니다.

基本形 마시다⇒ 語幹 마시+ 語尾 고

●**놀래다**「人を驚かせる意味」なので、目的語が必要。
※8 爆弾酒「**폭탄주**」←ビールが入っているグラスにウィスキーや焼酎などを入れたお酒。
※8 **이야기를 나누다**「話し合う」「語り合う」

33 ~아/어서

【原因·理由、一連の動作】
～くて、～して、～ので

🔊 033

1 **遅くなって**すみません。 니다体

2 **気になって**尋ねてみました。 요体

3 電話を**して下さって**ありがとうございます。 니다体

4 お腹が**すいて**たくさん食べました。 니다体

5 直接**訪ねて**話をしました。 니다体

6 朝**起きて**、顔を洗いました。 니다体

7 勉強をたくさん**したので**、頭が痛いです。 니다体

8 声が**聞きたくて**、電話しました。 니다体

補足メモ

※2 **궁금하다**「気になる」「心配だ」⇒それで「知りたい」というニュアンスがある。
※3 **전화(를) 해 주셔서**「電話をして下さって」→**전화(를) 주셔서**「電話を下さって」
※5 **찾다**「探す」＋**가다**「行く」⇒ **찾아가다**「直訳:(ある場所を) 探して行く」:「訪ねて行く」

文法をおさえよう

※前の行為・動作と後ろの行為・動作が時間的な順序でつながっていて、前文は後文の理由・原因・手段を表す。

* 語幹の最後にㅗかㅏあり　**用言の語幹+아서**
* 語幹の最後にㅗかㅏなし　**用言の語幹+어서**
* 例外＞**하다⇒해서**

※話し手の経験でないことの理由、原因を表す場合⇒～(으)니까、～아/어서を使う。

1. **늦어서** 죄송합니다 .

基本形 늦다⇒ 語幹 **늦**+ 語尾 **어서**

2. **궁금해서** 물어봤어요 .

基本形 궁금하다⇒ 語幹 **궁금하**+ 語尾 **여서**

3. 전화 **주셔서** 감사합니다 .

基本形 주시다⇒ 語幹 **주시**+ 語尾 **어서**

4. 배가 **고파서** 많이 먹었습니다 .

基本形 고프다⇒ 語幹 **고프**+ 語尾 **아서**（ㅡ脱落）

5. 직접 **찾아가서** 이야기를 했습니다 .

基本形 찾아가다⇒ 語幹 **찾아가**+ 語尾 **아서**

6. 아침에 **일어나서** 세수를 했습니다 .

基本形 일어나다⇒ 語幹 **일어나**+ 語尾 **아서**

7. 공부를 많이 **해서** 머리가 아픕니다 .

基本形 하다⇒ 語幹 **하**+ 語尾 **여서**

8. 목소리가 **듣고 싶어서** 전화 했습니다 .

基本形 싶다⇒ 語幹 **싶**+ 語尾 **어서**

※6 **세수**「洗手」←日常会話でよく使われる
※6 **세안**「洗顔」←化粧品によく書かれている

34 ~(으)니까

【原因·理由、状況の前提を表す】
~だから、~ので

🔊 034

1 **お腹がいっぱいだから**眠いですね。 요体

2 時間が**ないので**週末にしましょう。 니다体

3 **疲れたから**ちょっと休みましょう! 니다体

4 **食べるから**太るんだろう。 パンマル

5 **愛しているから**別れることができません。 요体

6 **黙って見てりゃ**(直訳:見よう見ようとしたら)、ひどすぎますね。 요体

7 車で**移動するので**早く到着するでしょう。 요体

8 地下鉄が遅くまで**運行するから**安心です。 요体

補足メモ

※3 命令や要請・提案の理由や根拠を伝えるときは、理由を表す表現でも33課の **~아 / 어서**や35課の **~기 때문에**は使うことができない。(×) **피곤해서** (×) **피곤하기 때문에**

文法をおさえよう

35課と比較してチェック！

用言の語幹＋(으)니까 ⇒後ろに命令や勧誘の文章がくることが多い。

※正しい理由や原因だという話をして確信を伝える。

例>일요일은 공휴일이니까 일을 안 해요. 日曜日は公休日なので仕事をしません。
└공휴일이어서でもＯＫ！

※命令や要請・提案の理由や根拠を伝える。3

※すでに完了したことに対する前提を表すとき

例>눈을 뜨니까 친구집이었어요.目を覚ましたら友達の家でした。

1 **배부르니까** 졸리네요.

基本形 배부르다⇒ 語幹 **배부르**＋ 語尾 **니까**

2 시간이 **없으니까** 주말에 합시다.

基本形 없다⇒ 語幹 **없**＋ 語尾 **으니까**

3 **피곤하니까** 좀 쉽시다.

基本形 피곤하다⇒ 語幹 **피곤하**＋ 語尾 **니까**

4 **먹으니까** 살이 찌지.

基本形 먹다⇒ 語幹 **먹**＋ 語尾 **으니까**

5 **사랑하니까** 못 헤어져요!

基本形 사랑하다⇒ 語幹 **사랑하**＋ 語尾 **니까**

6 **보자 보자 하니까**, 너무하네요.

基本形 하다⇒ 語幹 **하**＋ 語尾 **니까**

7 자동차로 **이동하니까** 빨리 도착할 거예요.

基本形 이동하다⇒ 語幹 **이동하**＋ 語尾 **니까**

8 지하철이 늦게까지 **운행하니까** 안심이에요.

基本形 운행하다⇒ 語幹 **운행하**＋ 語尾 **니까**

※6 **보자 보자 하니까**のように日本語に直訳できない表現もある。「直訳：見ようと見ようとしたら」

※6 **너무하다**「あんまりだ」「ひどい」

※7 **자동차**「自動車」

35 ~기 때문에

【原因·理由】~なので、~だから

🔊 035

1 **運動しているので**体が丈夫です。(直訳:運動するので) 요体

2 インターネットが**できるので**、便利です。 니다体

3 頭が**賢いので**、な　んでも上手です。 요体

4 事故が**発生したので**、通行ができません。 요体

5 バレーボールが**好きなので**、バレーボールを見に行きます。 니다体

6 地下鉄は**正確なので**、定刻に来ます。 니다体

7 このアルバムはいい曲が**多いので**、よく売れます。 요体

8 すごく**愛していたので**、未だに忘れることができません。 요体

補足メモ

※2 **인터넷**「インターネット」、PC(personal computer) ＋**방** (部屋) → **PC 방 (피시방)**「ネットカフェ」。[**피시방**] が正しい発音とされているが、日常会話では [**피씨방**] と発音される場合が多い。

文法をおさえよう

用言の語幹+기 때문에

※客観的な理由を説明する時や理由を強調する時に用いられる。

※ ~**기 때문에**の後に命令文や勧誘文は続けられない。
例)비가 오기 때문에 집에 있자.(×)/있어라(×)

1 **운동하기 때문에** 몸이 튼튼해요.

基本形 운동하다⇒ 語幹 **운동하**+ 語尾 **기 때문에**

2 인터넷이 **되기 때문에** 편리합니다.

基本形 되다⇒ 語幹 **되**+ 語尾 **기 때문에**

3 머리가 **똑똑하기 때문에** 뭐든지 잘 해요.

基本形 똑똑하다⇒ 語幹 **똑똑하**+ 語尾 **기 때문에**

4 사고가 **발생했기 때문에** 통행을 할 수 없어요.

基本形 발생하다⇒ 語幹 **발생하**+ 語尾 **였기 때문에**

5 배구를 **좋아하기 때문에** 배구를 보러 갑니다.

基本形 좋아하다⇒ 語幹 **좋아하**+ 語尾 **기 때문에**

6 지하철은 **정확하기 때문에** 제 시간에 옵니다.

基本形 정확하다⇒ 語幹 **정확하**+ 語尾 **기 때문에**

7 이 앨범은 좋은 곡이 **많기 때문에** 잘 팔려요.

基本形 많다⇒ 語幹 **많**+ 語尾 **기 때문에**

8 많이 **사랑했기 때문에** 아직까지도 잊지 못해요.

基本形 사랑하다⇒ 語幹 **사랑하**+ 語尾 **였기 때문에**

※6 **제 시간**「ちょうどその時刻」、類似表現:**정각**「直訳:定刻」

36 ~(으)면

～なら、～したら

🔊 036

[1] うるさく**したら**いけないよ。 パンマル

[2] 頭が**痛かったら**、ちょっと休んでね。 パンマル

[3] **怒ったら**気分がすっきりしますか？ 요体

[4] たくさん**寝ると**きれいになりますか？ 요体

[5] 誰でも**信じたら**危ないです。 니다体

[6] 君さえ**よかったら**それでいいの。 パンマル

[7] あまりにもたくさん**電話をしたら**、愛が早く冷めます。 요体

[8] 来年に**なれば**私の息子も成人になります。 니다体

補足メモ

※[3] **화를 내다**「怒る」「腹を立てる」「怒りを出す」と **화가 나다**「腹が立つ」「腹だたしい」は両方とも頻繁に使われるので、助詞が「～**를**」なのか「～**가**」なのかに注意しながら使うように！

※[3] **속**は「中、内部、主に3次元の内部、目に見えない抽象的な事柄。例：**머릿속**(頭の中)、**빗속**(雨の中)」、**안**は、「中、内部、**방 안**(部屋の中)のように主に具体的で広い空間の内側を意味」

※[3] 基 **후련하다**「すっきりする、さっぱりする」

文法をおさえよう

* 語幹の最後にパッチムなし

用言の語幹+ **면**

* 語幹の最後にパッチムあり

用言の語幹+ **으면**

※「もしも～であれば」のような仮定の表現は ~(으)면以外に ~(이)라면もある。

例)本当なら　정말이면/정말이라면

例外＞ ㄹパッチム パッチムなしの扱い、 指定詞+(이)면

1 시끄럽게 **하면** 안돼 .

基本形 하다⇒ 語幹 **하**+ 語尾 **면**

2 머리가 **아프면** 잠시 쉬어 .

基本形 아프다⇒ 語幹 **아프**+ 語尾 **면**

3 **화를 내면** 속이 후련해요 ?

基本形 내다⇒ 語幹 **내**+ 語尾 **면**

4 잠을 많이 **자면** 예뻐져요 ?

基本形 자다⇒ 語幹 **자**+ 語尾 **면**

5 아무나 **믿으면** 위험합니다 .

基本形 믿다⇒ 語幹 **믿**+ 語尾 **으면**

6 너만 **괜찮으면** 그걸로 됐어 .

基本形 괜찮다⇒ 語幹 **괜찮**+ 語尾 **으면**

7 너무 많이 **전화하면** 사랑이 빨리 식어요 .

基本形 전화하다⇒ 語幹 **전화하**+ 語尾 **면**

8 내년이 **되면** 우리 아들도 성인이 됩니다 .

基本形 되다⇒ 語幹 **되**+ 語尾 **면**

※6「**너만 괜찮으면**⇒直訳：君さえ大丈夫なら」以外に「**너만 좋으면**⇒直訳：君さえよかったら」もよく使われる。

※6 **그걸로**は**그것으로**の縮約。

※8 **작년**「昨年」、**올해,금년**「今年」、**내년**「来年」

※8 時間の流れのような、当然のことを条件として表す場合も~**(으) 면**を使う。

37 ~(으)면서

~しながら、~でありながら、~しつつ

037

1 君だけを**見つめながら**生きたい。 パンマル

2 **食べながら**やせることができますか? 요体

3 **踊りながら**歌を歌います。 니다体

4 テレビを**見ながら**ご飯を食べます。 니다体

5 **食事しながら**ゆっくり話をしましょう。 니다体

6 私の名前を**呼びながら**走って来ました。 니다体

7 学校に**通いながら**働いていますか? 니다体

8 毎朝、音楽を**聞きながら**ジョギングをします。 니다体

補足メモ

※2 **살**「肉、身」**빼다**「抜け出す、取り出す」⇒**살(을) 빼다**「やせる」

※6「**르**変則」**부르다**「呼ぶ」⇒ニダ体:**부릅니다**「呼びます」、ヨ体:**불러요**「呼びます」

※8 **조깅** (jogging)

文法をおさえよう

＊語幹の最後にパッチムなし

用言の語幹+ **면서**

＊語幹の最後にパッチムあり

用言の語幹+ **으면서**

※二つの動作が同時に行われる時の「～しながら」という表現
※「～のに」「～するくせに」の場面でも使われる。
例外＞ ㄹパッチム パッチムなしの扱い、 指定詞+(이)면서

1 너만 **바라보면서** 살고 싶어 .

基本形 바라보다⇒ 語幹 **바라보**+ 語尾 **면서**

2 **먹으면서** 살을 뺄 수 있어요 ?

基本形 먹다⇒ 語幹 **먹**+ 語尾 **으면서**

3 **춤을 추면서** 노래를 부릅니다 .

基本形 추다⇒ 語幹 **추**+ 語尾 **면서**

4 텔레비전을 **보면서** 밥을 먹습니다 .

基本形 보다⇒ 語幹 **보**+ 語尾 **면서**

5 **식사하면서** 천천히 이야기 합시다 .

基本形 식사하다⇒ 語幹 **식사하**+ 語尾 **면서**

6 내 이름을 **부르면서** 달려왔습니다 .

基本形 부르다⇒ 語幹 **부르**+ 語尾 **면서**

7 학교에 **다니면서** 일하고 있습니까 ?

基本形 다니다⇒ 語幹 **다니**+ 語尾 **면서**

8 매일 아침 음악을 **들으면서** 조깅합니다 .

基本形 듣다⇒ 語幹 **듣**+ 語尾 +**ㄹ**+**으면서**
脱落

※8「ㄷ変則」**듣다**「聞く」⇒ニダ体:**듣습니다**「聞きます」、ヨ体:**들어요**「聞きます」
※8 **듣으면서**（×）

38 ~(으)려고

~しようと思って(~のために)

038

1 ご飯食べた？
ーもうすぐ**食べようと**(思っている)。 パンマル

2 ビュッフェで**食べようと思って**朝は抜きました。 니다体

3 小包を**送ろうと思って**郵便局に行きました。 니다体

4 運動を**しようと思って**最近早めに起きます。 요体

5 トッポキを**作ろうと思って**コチュジャンを買いました。 니다体

6 花火大会(直訳：花火祝祭)を見に**行こうと思って**浴衣を買いました。 요体

7 韓国語能力試験を**受けようと思って**勉強しています。 요体

8 飛行機(の)チケットを**予約しようと思って**
旅行会社に連絡しました。 요体

補足メモ

※2 **뷔페** (buffet)：「作られているいろんな料理をお客さんが自由に選んで食べるようにする食堂」という意味のフランス語

※3 **부치다**と同じ発音である**붙이다** [**부치다**]「貼りつける」と書かないように注意！

文法をおさえよう

※これから行おうという主語の意図を表す。

* 語幹の最後にパッチムなし

動詞の語幹+ **려고**

* 語幹の最後にパッチムあり

動詞の語幹+ **으려고**

例外> ㄹパッチム パッチムなしの扱い

※日常会話では、存在詞(**있다**)も使える。

1 밥 먹었어 ?-이제 막 **먹으려고** .

基本形 먹다⇒ 語幹 **먹**+ 語尾 **으려고**

2 뷔페에서 **먹으려고** 아침은 굶었습니다 .

基本形 먹다⇒ 語幹 **먹**+ 語尾 **으려고**

3 소포를 **부치려고** 우체국에 갔습니다 .

基本形 부치다⇒ 語幹 **부치**+ 語尾 **려고**

4 운동을 **하려고** 요즘 일찍 일어나요 .

基本形 하다⇒ 語幹 **하**+ 語尾 **려고**

5 떡볶이를 **만들려고** 고추장을 샀습니다 .

基本形 만들다⇒ 語幹 **만들**+ 語尾 **려고**

6 불꽃축제를 보러 **가려고** 유카타를 샀어요 .

基本形 가다⇒ 語幹 **가**+ 語尾 **려고**

7 한국어능력시험을 **보려고** 공부하고 있어요 .

基本形 보다⇒ 語幹 **보**+ 語尾 **려고**

8 비행기표를 **예약하려고** 여행사에 연락했어요 .

基本形 예약하다⇒ 語幹 **예약하**+ 語尾 **려고**

※4 **요즘**「この頃」は「最近」と訳されるケースも少なくない。**최근**「直訳：最近」
※7 **시험을 보다**「試験を受ける」|直訳：試験をみる」
※8「旅行会社」は「**여행사 :** 旅行社」が自然な表現である。

39 ~(으)려면

~するには、~するためには、
~しようとするなら

🔊 039

1 結婚**するには**条件を低くしなければなりません。 니다体

2 シンチョン(新村)に**行くには** 요体
何号線に乗ればいいでしょうか？

3 通帳を**作るには**身分証明書が必要です。 요体

4 共同経営(直訳:同業)を**するには**信頼できる人が必要です。 니다体

5 家を**買うには**貯蓄をしなければなりません。 니다体

6 ゴルフを**するには**ゴルフ場に行かなければなりませんか？ 니다体

7 知恵を**得るためには**経験を積まなければなりません。 니다体

8 友達と**付き合うためには** 요体
私が先に近づかなければなりません。

補足メモ

※1 **눈을**「目を」**낮추다**「低くする、下げる、引き下げる」→「(相手に対する) 条件やレベルを低くする」
※2 **몇 호선 [며토선]**
※3 **주민등록증**「住民登録証」→「**신분증**：身分証」という表現も使う
※7 **경험을 쌓다**「経験を積む」
※8 **내가 먼저**「私が先に」→「自ら」という意味。

文法をおさえよう

＊語幹の最後にパッチムなし

動詞の語幹+ **려면**

＊語幹の最後にパッチムあり

動詞の語幹+ **으려면**

例外＞ ㄹパッチム パッチムなしの扱い

※日常会話では、存在詞(있다)も使える。

1 결혼**하려면** 눈을 낮춰야 합니다.

基本形 결혼하다⇒ 語幹 **결혼하**+ 語尾 **려면**

2 신촌에 **가려면** 몇 호선을 타면 되나요?

基本形 가다⇒ 語幹 **가**+ 語尾 **려면**

3 통장을 **만들려면** 신분증명서가 필요해요.

基本形 만들다⇒ 語幹 **만들**+ 語尾 **려면**

4 동업을 **하려면** 신뢰있는 사람이 필요합니다.

基本形 하다⇒ 語幹 **하**+ 語尾 **려면**

5 집을 **사려면** 저축을 해야 합니다.

基本形 사다⇒ 語幹 **사**+ 語尾 **려면**

6 골프를 **치려면** 골프장에 가야 합니까?

基本形 치다⇒ 語幹 **치**+ 語尾 **려면**

7 지혜를 **얻으려면** 경험을 쌓아야 합니다.

基本形 얻다⇒ 語幹 **얻**+ 語尾 **으려면**

8 친구를 **사귀려면** 내가 먼저 다가가야 해요.

基本形 사귀다⇒ 語幹 **사귀**+ 語尾 **려면**

※8 **친구를 사귀다**（直訳：友達を付き合う）となる。
※8「私が先に近づく」→「自ら」「自分自身自ら」を意味する。

40 ~(으)로

【手段･方法を表す助詞】~で

🔊 040

1 地下鉄**で**来ましたか？ 요体

2 独学**で**勉強しました。 니다体

3 クレジットカード**で**決済しましょうか？ 요体

4 携帯電話**で**電話していますか？ 요体

5 箸**で**おかずを食べます。 니다体

6 韓国語**で**話をすることができますか？ 요体

7 スプーン**で**ご飯とスープを食べますか？ 니다体

8 一括払い**に**すると手数料が免除されます。 니다体

補足メモ

※1 **지하철으로**（×） **지하철로**（○）

※3 **신용카드**「クレジットカード（直訳：信用カード）」

※4「携帯電話」→ **휴대폰**と**핸드폰** (hand phone) 両方をチェック！

文法をおさえよう

✱ 前の語(名詞末尾)にパッチムなし

名詞 + **로**

✱ 前の語(名詞末尾)にパッチムあり

名詞 + **으로**

例外>✱ 前の語に「ㄹ」パッチムがある + ～로

※語尾は用言の活用により変化する部分だが、ここでは名詞の後に付ける「(으)로」も語尾と表記する。

1 지하철**로** 왔어요?

名詞 지하철+ 語尾 로

2 독학**으로** 공부했습니다.

名詞 독학+ 語尾 으로

3 신용카드**로** 결제할까요?

名詞 신용카드+ 語尾 로

4 휴대폰**으로** 전화하고 있어요?

名詞 휴대폰+ 語尾 으로

5 젓가락**으로** 반찬을 먹습니다.

名詞 젓가락+ 語尾 으로

6 한국말**로** 이야기 할 수 있어요?

名詞 한국말+ 語尾 로

7 숟가락**으로** 밥과 국을 먹습니까?

名詞 숟가락+ 語尾 으로

8 일시불**로** 하시면 수수료가 면제됩니다.

名詞 일시불+ 語尾 로

※6 **한국말으로**(×) **한국말로**(○)
※8 **일시불**「一括払い」**일시불으로**(×) **일시불로**(○)

41 ~(으)ㄹ 수록

~するほど

🔊 041

1 執着すれば**するほど**君だけが傷つくよ。 パンマル

2 食べれば**食べるほど**おいしいです。 니다体

3 会えば**会うほど**魅力的ですね。 요体

4 歳を**とるほど**心が広くなるでしょうか？ 요体

5 時間が**経つほど**心が痛みます。 니다体

6 雨がたくさん**降るほど**川の水が増えてきます。 니다体

7 山の中に**入るほど**空気がきれいです。 요体

8 いい化粧品を**使うほど**肌が良くなりますか？ 요体

補足メモ

※1 基 **다치다**「怪我する」「傷つく」

※4「歳をとる」→**나이를 먹다**、**나이가 들다**の二つの表現をチェック！

※6 **강**「川」

文法をおさえよう

＊語幹の最後にパッチムなし

用言の語幹+ **ㄹ수록**

＊語幹の最後にパッチムあり

用言の語幹+ **을수록**

例外＞ ㄹパッチム 語幹からパッチムㄹを脱落させ＋ㄹ수록　例)살다→살수록

※「~(으)면~ㄹ/을수록　~すれば~するほど」という表現としてもよく使われる。

1 집착하면 **할수록** 너만 다쳐 .

基本形 하다⇒ 語幹 **하**+ 語尾 **ㄹ수록**

2 먹으면 **먹을수록** 맛있습니다 .

基本形 먹다⇒ 語幹 **먹**+ 語尾 **을수록**

3 만나면 **만날수록** 매력적이네요 .

基本形 만나다⇒ 語幹 **만나**+ 語尾 **ㄹ수록**

4 나이가 **들수록** 마음이 넓어질까요 ?

基本形 들다⇒ 語幹 **들**+ 語尾 **ㄹ수록**
（ㄹ脱落）

5 시간이 **지날수록** 마음이 아픕니다 .

基本形 지나다⇒ 語幹 **지나**+ 語尾 **ㄹ수록**

6 비가 많이 **올수록** 강물이 불어납니다 .

基本形 오다⇒ 語幹 **오**+ 語尾 **ㄹ수록**

7 산 속으로 **들어갈수록** 공기가 맑아요 .

基本形 들어가다⇒ 語幹 **들어가**+ 語尾 **ㄹ수록**

8 좋은 화장품을 **쓸수록** 피부가 좋아져요 ?

基本形 쓰다⇒ 語幹 **쓰**+ 語尾 **ㄹ수록**

※6 基 **불어나다**「増す」「増える」「増加する＝**증가하다**」
※7 基 **맑다 [막따]**「清い」「きれいだ」「濁りがない」
※8 **피부**「肌（直訳：皮膚）」

42 ~지만

【前の内容と後ろの内容が反対である場合】
～であるが、～だけれども、～が

◀)) 042

1 **具合が悪いのですが**、会社に行きます。 요体

2 **愛しているのですが**、別れました。 요体

3 学生**ですが**化粧をします。 요体

4 面接を**受けましたが**落ちました。 니다体

5 **愛していないのですが**結婚します。 니다体

6 今日**会いましたが**また会いたいです。 요体

7 食堂は**汚いのですが**、料理は美味しかったです。 니다体

8 一生懸命に**勉強しますが**、しょっちゅう忘れてしまいます。 니다体

補足メモ

※3 **학생**「学生」、**학생이다**「学生だ」
※4 **면접(을)보다**「面接（を）受ける（直訳：面接を見る）」
※7 後の文が過去形の場合でも、前の文章は過去形だけではなく、現在形もよく使

文法をおさえよう

用言の語幹 + 지만

例 기쁘다(嬉しい) ⇒기쁘지만(嬉しいが)

※「않다」を使った否定の文の場合 ⇒「않지만」
例 기쁘지 않다(嬉しくない)⇒ 기쁘지 않지만(嬉しくないが)

※過去形の場合 ⇒過去形の語幹 + 지만
例 기뻤다(嬉しかった)⇒ 기뻤지만(嬉しかったが)

※ニダ体の場合 ⇒「ㅂ니다만」
例 기쁩니다(嬉しいです)⇒ 기쁩니다만 (嬉しいのですが)
기뻤습니다 (嬉しかったです)⇒ 기뻤습니다만 (嬉しかったのですが)

1 **아프지만** 회사에 가요.

基本形 아프다⇒ 語幹 아프+ 語尾 지만

2 **사랑하지만** 헤어졌어요.

基本形 사랑하다⇒ 語幹 사랑하+ 語尾 지만

3 학생**이지만** 화장을 해요.

名詞 학생+ 語尾 이지만

4 면접을 **봤지만** 떨어졌습니다.

基本形 보다⇒ 語幹 보+ 語尾 았지만

5 **사랑하지 않지만** 결혼합니다.

基本形 사랑하다⇒ 語幹 사랑하+ 語尾 지 않지만

6 오늘 **만났지만** 또 보고 싶어요.

基本形 만나다⇒ 語幹 만나+ 語尾 지만

7 식당은 **더럽지만** 요리는 맛있었습니다.

基本形 더럽다⇒ 語幹 더럽+ 語尾 지만

8 열심히 **공부하지만** 자꾸 잊어버립니다.

基本形 공부하다⇒ 語幹 공부하+ 語尾 지만

われる。**더럽지만**だけでなく、**더러웠지만**も使える。

43 ~아/어야

~してこそ、~すればこそ、~してはじめて

043

1 **食べないと**生き残ることができない。
たくさん食べて！ パンマル

2 お金を**貯めてこそ**お金持ちになれるよ。 パンマル

3 たくさん**寝るからこそ**美人になれます。 니다体

4 運動を**するからこそ**健康になるでしょう。 요体

5 ストレスが**ないからこそ**長生きできます。 니다体

6 日焼け止めを**塗るからこそ**肌を守ることができます。 니다体

7 言葉を**学んではじめて**その国の文化を
もっと理解できるのでしょうか？ 요体

8 私は韓国のゴム手袋が**ないと**皿洗いができません。 요体
（直訳：私は韓国のゴム手袋が**あるからこそ**皿洗いができます。）

補足メモ

※1 **먹어야 살 수 있어.** 食べないと生き残ることができない。「直訳：食べてこそ生きられる」
※1 基 **살다**「生きる」「生存する＝**생존하다**」「暮らす」「過ごす」
※2 **돈을 모으다**「お金を集める、お金を貯める」→「貯金する」
※5 **장수**「長生き（直訳：長寿）」

文法をおさえよう

* 語幹の最後にㅗかㅏあり

用言の語幹+**아야**

* 語幹の最後にㅗかㅏなし

用言の語幹+ **어야**

* 例外＞**하다⇒해야**

※「～しないと…できない(なれない)」と訳される場合が多い。1 8

1 **먹어야** 살 수 있어. 많이 먹어.

基本形 먹다⇒ 語幹 **먹**+ 語尾 **어야**

2 돈을 **모아야** 부자가 될 수 있어.

基本形 모으다⇒ 語幹 **모으**+ 語尾 **아야**（으 脱落）

3 많이 **자야** 미인이 될 수 있습니다.

基本形 자다⇒ 語幹 **자**+ 語尾 **아야**

4 운동을 **해야** 몸이 건강해질 거예요.

基本形 하다⇒ 語幹 **하**+ 語尾 **여야**

5 스트레스가 **없어야** 장수할 수 있습니다.

基本形 없다⇒ 語幹 **없**+ 語尾 **어야**

6 자외선 차단제를 **발라야** 피부를 보호할 수 있습니다.

基本形 바르다⇒ 語幹 **바르**+ 語尾 **ㄹ라야**（르 脱落）

7 말을 **배워야** 그 나라의 문화를 더 이해할 수 있나요?

基本形 배우다⇒ 語幹 **배우**+ 語尾 **어야**

8 저는 한국 고무장갑이 **있어야** 설거지를 할 수 있어요.

基本形 있다⇒ 語幹 **있**+ 語尾 **어야**

※6 基 **바르다**「(化粧品やクリームなどを) 塗る」
※6 **자외선 차단제**以外に**선크림**（**썬크림**）も多く用いられる。外来語表記法では**선**「sun」+ **크림**「cream」→**선크림**と表記するが、実際には**썬크림**と発音する場合が多い。

44 ~다가

1)～している途中で　2)～して(それから)
3)～していて、～したら、～したところ(予想外の事が起こった)
4)(以前は)～していたが

044

1 背が**伸びていましたが**止まりました。 요体

(直訳：背が**伸びている途中で**止まりました。)

2 **待っていましたが**、家に戻りました。 요体

(直訳：**待っている途中で**家に戻りました。)

3 勉強**している途中**、眠り込みました。 니다体

4 韓国ドラマを**見ている途中で**泣きました。 요体

5 昼ごはんを**食べている途中で**電話に出ました。 니다体

6 家へ**行く途中で**コンビニに寄りました。 니다体

7 右に**行って**、左に曲がって下さい。 요体

8 ４号線に乗って**行って**、ソウル駅で乗り換えて下さい。 니다体

(直訳：４号線に乗って**行く途中**、ソウル駅で乗り換えて下さい。)

補足メモ

※3 **잠이 들다**「眠り込む」「眠る」

※5 電話に出る(**전화를 받다**)⇒直訳して「**전화에**」と言わないように注意！

※6 **편의점**「直訳：便宜店」コンビニと言っても通じないので注意！

文法をおさえよう

用言の語幹+다가

※主に動詞の語幹に付く連結語尾(一部の形容詞、過去の-**았/었**の後にも用いる。)
※前文と後文の因果関係を問わないまま「前文→後文」へ動作・状況が推移していくさまを表す。
※前文・後文とも同じ主語であることが多い。

1 키가 **크다가** 멈췄어요 .

基本形 크다⇒ 語幹 **크**+ 語尾 **다가**

2 **기다리다가** 집으로 돌아왔어요 .

基本形 기다리다⇒ 語幹 **기다리**+ 語尾 **다가**

3 공부를 **하다가** 잠이 들었습니다 .

基本形 하다⇒ 語幹 **하**+ 語尾 **다가**

4 한국 드라마를 **보다가** 울었어요 .

基本形 보다⇒ 語幹 **보**+ 語尾 **다가**

5 점심을 **먹다가** 전화를 받았습니다 .

基本形 먹다⇒ 語幹 **먹**+ 語尾 **다가**

6 집에 **가다가** 편의점에 들렀습니다 .

基本形 가다⇒ 語幹 **가**+ 語尾 **다가**

7 오른쪽으로 **가다가** 왼쪽으로 도세요 .

基本形 가다⇒ 語幹 **가**+ 語尾 **다가**

8 4 호선을 타고 **가다가** 서울역에서 갈아타십시오 .

基本形 가다⇒ 語幹 **가**+ 語尾 **다가**

※6 基 **들르다**「立ち寄る」
※7 基 **돌다**「回る」「回転する」 **돌세요**(×)
※8 **갈아타다**「乗り換える」、**서울역 [서울력]**

45 ~다면

～だったら、～だったなら

045

1 景品が**あるんだったら**、のど自慢に出ましょう！ 니다体

2 あなたが私のそばに**いなかったら**、何の意味もありません。 요体

3 店員が**優しかったら**そこで買ったはずです。 요体

4 私を**愛していたなら**、その時(に)なぜ連絡しなかったのですか？ 요体

5 成績が**よかったら**ご両親も喜んでたはずでしょう。 요体

6 時間がたくさん**あったら**何をしたいですか？ 니다体

7 飛行機が**早いなら**飛行機に乗りましょう！ 니다体

8 地下鉄が**便利だったら**地下鉄で移動しましょう！ 니다体

補足メモ

※1 **노래자랑**「直訳：歌自慢」、韓国語では「**のど**自慢」とは表現しないので注意！

※2 **당신**「あなた」は年配の方が使う場合が多い。**그대**「あなた」「君」は愛している人を尊重しているニュアンスがある単語で、主に歌詞などでよく使用される。

※2 **옆**⇒主に場所などの「隣」「そば」を意味する。誰かのそばを意味する時は**옆**も使うのだが、**곁**「そば」の方が気持ちや心を含めてそばにいるようなニュアンスになる。

文法をおさえよう

動詞の語幹：パッチムなし＋ **ㄴ 다면**

動詞の語幹：パッチムあり＋ **는 다면**

形容詞・存在詞の語幹 ＋ **다면**

※～**겠다면**「~する気があるならば」「~だと言うならば」
→誰かが特定の意思を明かす場合を仮定して話すときに使う場合。

例外＞ ㄹパッチム 語幹からパッチムㄹを脱落させ＋ㄴ다면

1 경품이 **있다면** 노래자랑에 나갑시다！

基本形 있다⇒ 語幹 **있**＋ 語尾 **다면**

2 그대가 내 곁에 **없다면** 아무 의미도 없어요．

基本形 없다⇒ 語幹 **없**＋ 語尾 **다면**

3 점원이 **친절했다면** 거기서 샀을 거예요．

基本形 친절하다⇒ 語幹 **친절하**＋ 語尾 **였다면**

4 나를 **사랑했다면** 그 때 왜 연락 안 했어요？

基本形 사랑하다⇒ 語幹 **사랑하**＋ 語尾 **였다면**

5 성적이 **좋았다면** 부모님도 기뻐하셨을 거예요．

基本形 좋다⇒ 語幹 **좋**＋ 語尾 **았다면**

6 시간이 많이 **있다면** 뭘 하고 싶습니까？

基本形 있다⇒ 語幹 **있**＋ 語尾 **다면**

7 비행기가 **빠르다면** 비행기를 탑시다！

基本形 빠르다⇒ 語幹 **빠르**＋ 語尾 **다면**

8 지하철이 **편리하다면** 지하철로 이동합시다！

基本形 편리하다⇒ 語幹 **편리하**＋ 語尾 **다면**

※2 **아무 의미도 없어요．**「直訳：何の意味もありません」、「生きがいややりがいを感じることができない」というニュアンスで頻繁に使われる。

※7 **비행기를 타다**「飛行機を乗る」という表現が自然な表現なので、ぜひチェック！

※8 **지하철로**（○）　**지하철으로**（×）

46 ~ 자마자

～するやいなや、～してからすぐ

🔊 046

1 **外出した途端**雨が降ります。 요体

2 **会ってからすぐ**、その人が好きになりました。 요体

3 **付き合ってすぐ**別れてしまいました。 요体

4 **別れてからすぐに**飲み屋に行きました。 요体

5 お酒を**飲んだ途端**、酔ってしまいました。 요体

6 私の顔を**見た途端**、赤ちゃんが泣きました。 니다体

7 家に**到着するやいなや**宅配が来ました。 요体

8 服を**買ってからすぐに**セール が始まりました。 요体

補足メモ

※2 **그 사람이 좋아지다**「その人のことが好きになる（直訳：その人が好きになる）」

※3 **사귀다**「付き合う」、**교제하다**「交際する」

文法をおさえよう

※ある動作のすぐ後に引き続き次の動作が行われる表現。

動詞の語幹 + **자마자**

例＞집에 오자마자 잤어요. 家に帰るなり寝ました。

1 **외출하자마자** 비가 내려요 .

基本形 외출하다⇒ 語幹 **외출하**+ 語尾 **자마자**

2 **만나자마자** 그 사람이 좋아졌어요 .

基本形 만나다⇒ 語幹 **만나**+ 語尾 **자마자**

3 **사귀자마자** 헤어졌어요 .

基本形 사귀다⇒ 語幹 **사귀**+ 語尾 **자마자**

4 **헤어지자마자** 술집으로 갔어요 .

基本形 헤어지다⇒ 語幹 **헤어지**+ 語尾 **자마자**

5 술을 **마시자마자** 취해 버렸어요 .

基本形 마시다⇒ 語幹 **마시**+ 語尾 **자마자**

6 제 얼굴을 **보자마자** 아기가 울었습니다 .

基本形 보다⇒ 語幹 **보**+ 語尾 **자마자**

7 집에 **도착하자마자** 택배가 왔어요 .

基本形 도착하다⇒ 語幹 **도착하**+ 語尾 **자마자**

8 옷을 **사자마자** 세일이 시작됐어요 .

基本形 사다⇒ 語幹 **사**+ 語尾 **자마자**

47 ~(이)나

~でも

🔊 047

1 コーヒー**でも**飲もう！ パンマル

2 一緒に宿題**でも**しよう！ パンマル

3 家で昼寝**でも**したら。(昼寝でもしろ！) パンマル

4 チムジルバン**でも**行きましょう。 니다体

5 ドライブ**でも**しましょうか？ 요体

6 一緒に映画**でも**見ましょうか？ 요体

7 私はご飯**でも**食べよう(食べなくちゃ)。 パンマル

8 ジャジャン麺**でも**注文しましょうか？ 요体

補足メモ

※1 日本での「お茶でもしましょうか」という表現は、韓国では「コーヒー、一杯飲みましょうか」になる。

※8 **짜장면**と**자장면**⇒両方ともよく使われるのだが、一般的には**짜장면**の方が頻繁に使われている。

※「**짜장면이나**（ジャジャン麺でも）」の～**이나**は「満足できない選択、最低限に選ばれる選択」。**짜장면**は国民食と呼ばれるほどの人気料理なので、特にやることがなかったらこれでも注文して食べよう！という感じで頻

文法をおさえよう

・名詞に後続して選択の意味を表す助詞

＊ 前の語にパッチムなし

名詞 +**나**

＊ 前の語にパッチムあり

名詞 +**이나**

・「～はあまり気が向かないが」「～でも構わないから」のニュアンスが含まれている。

1 커피**나** 마시자 !

名詞 커피+ 語尾 나

2 같이 숙제**나** 하자 !

名詞 숙제+ 語尾 나

3 집에서 낮잠**이나** 자 !

名詞 낮잠+ 語尾 이나

4 찜질방**이나** 갑시다 .

名詞 찜질방+ 語尾 이나

5 드라이브**나** 할까요 ?

名詞 드라이브+ 語尾 나

6 같이 영화**나** 볼까요 ?

名詞 영화+ 語尾 나

7 나는 밥**이나** 먹어야겠다 .

名詞 밥+ 語尾 이나

8 짜장면**이나** 주문시킬까요 ?

名詞 짜장면+ 語尾 이나

繁に使われる。

※「**짜장면이라도**（ジャジャン麺でも）」の～**이라도**は「すごくいいものではないがそれなりにいい（仕方ないが、これでも）」というニュアンスがある。

コラム 2

韓国語でSNSを楽しもう！

最近は、韓国も日本もネットが発達するにつれ、膨大な量の情報が流され、間違った表現がそのまま使われたり、新たな表現が生み出されたりする場合が増えて来たと思います。情熱白先生を含めて多くの韓国語の先生は聞いたこともない新たな表現で苦労しているかもしれません。ですから、皆さん、意味がわからないとしても落ち込む必要はありません。^ ^

SNSで韓国の知人や韓国のスターのつぶやきを読んで自分の力ですぐに理解できたら、学習者にとってそれほど嬉しいことはないと思います。しかし、SNS上では意味不明の表現が度々登場します。最もよく出てくる表現は、次の2つでしょう。

ㅋㅋ / ㅎㅎ

記号のように見えませんか？　気づいている方も多いと思いますが、これは韓国語の子音です。そのまま発音してみてください。そうです。笑うときの音です。「クク」「フフ」と笑うときの音をそのまま子音で簡単に表現できるので多く用いられています。

では、これは何かわかりますでしょうか？

추카추카

축하해요 / 축하합니다「おめでとうございます」という意味を持つこの表現から来ています。축하「直訳：祝賀」をそのまま発音すると추카になります。ですから、辞書で추카を調べても出てこないわけです。またこの響きが可愛いことからSNS上では人気があるかもしれません。

このように発音をそのまま書いた間違った表現も登場したりするので、それには注意が必要かもしれません。

Part 3

実用性の高い重要文法でレベルアップしよう！

48 （形容詞・指定詞の現在連体形）
語幹＋ㄴ/은

048

1 **いい**車ですね。 요体

2 **可愛い**女の子が好きですか？ 니다体

3 （値段が）**高い**指輪を買って下さい。 요体

4 **忙しい**生活に疲れました。 니다体

5 背が**高い**人が旦那です。 니다体

6 **かっこいい**コンユさんが何度も
私を見つめています。 요体

7 大学生**である**ボゴムはいつも髪の毛が短いです。 요体

8 心が**広い**人が理想（形）です。 니다体

補足メモ

※4 (基)**지치다**「疲れる、ヘトヘトになる、くたびれる」
※5 **작다**「小さい」⇔ **크다**「大きい」：**키가 높다**「背が高い」と言わないように注意！
※6 **멋지다**「かっこいい」「すてきだ」
※6 **자꾸**「何度も何度も」「しょっちゅう」「しきりに」

❸ 文法をおさえよう

・形容詞・指定詞の現在連体形

* 語幹の最後にパッチムなし　語幹+ ㄴ
* 語幹の最後にパッチムあり　語幹+ 은

例 **깨끗하다**(清潔だ)⇒ **깨끗한 호텔**(清潔なホテル)
중요하다(重要だ)⇒ **중요한 서류**(重要な書類)
작다(小さい)⇒ **작은 지갑**(小さい財布)

※指定詞の連体形　~이다→이+ ㄴ⇒ 인、~아니다→아니 + ㄴ⇒아닌

1 **좋은** 차네요.

基本形 좋다⇒ 語幹 **좋**+ 語尾 은

2 **예쁜** 여자가 좋습니까?

基本形 예쁘다⇒ 語幹 **예쁘**+ 語尾 ㄴ

3 **비싼** 반지를 사 주세요.

基本形 비싸다⇒ 語幹 **비싸**+ 語尾 ㄴ

4 **바쁜** 생활에 지쳤습니다.

基本形 바쁘다⇒ 語幹 **바쁘**+ 語尾 ㄴ

5 키가 **큰** 사람이 남편입니다.

基本形 크다⇒ 語幹 **크**+ 語尾 ㄴ

6 **멋진** 공유씨가 자꾸 저를 쳐다봐요.

基本形 멋지다⇒ 語幹 **멋지**+ 語尾 ㄴ

7 대학생**인** 보검이는 항상 머리가 짧아요.

基本形 이다⇒ 語幹 **이**+ 語尾 ㄴ

8 마음이 **넓은** 사람이 이상형입니다.

基本形 넓다⇒ 語幹 **넓**+ 語尾 은

※6 基 **쳐다보다**「見つめる」、日本語に直訳すると「何度も見る」という表現が近いかもしれないが、「見つめる」という表現が自然。
※7 **머리**は「頭」を意味するが、「髪の毛」の**머리카락**を短くし、頭の意味を持つ**머리**と言う場合も多い。名前の最後にパッチムがある場合、~**은**よりは~**이는**が自然。
※8 基 **넓다**「広い」、**마음이 넓다**「心が広い」「包容力がある」、**포용력이 있다**「直訳：包容力がある」

49 （形容詞・指定詞の現在連体形を使った表現）
語幹＋ㄴ/은지
～なのか

049

1	何でこんなに**忙しいのか**知っていますか？	요体
2	今日は**疲れているのか**少し眠いですね。	요体
3	私がどうして背が**低いのか**分かりません。	니다体
4	孫がこんなに**可愛いのか**今になって気づきました。 （直訳：今さら分かりました。）	니다体
5	どれほど**情けないのか**分かりません。	요体
6	どれほど**難しいのか**分かりません。	니다体
7	そのスターがなぜ人気が**高いのか**知っていますか？	요体
8	私の子供はどれほど**純真なのか**分かりません。	요体

補足メモ

※2 日本語の「疲れる」は動詞なのだが、韓国語の 基 **피곤하다**「疲れる」は形容詞になる。現在の状態を表す時には**피곤하다**を用い、連体形として使われる時は**피곤한**になる。「今ちょっと疲れている」の場合、**지금 좀 피곤해 있어**ではなく、**지금 좀 피곤해**になる。

※3 **키가 작다**「背が小さい」と表現するので、**키가 낮다**「背が低い」と言わないように注意！

※4 **이제야 알았습니다**.「今になって気づきました」という意味として使われるケースが多い。

文法をおさえよう

＊ 語幹の最後にパッチムなし

形容詞・指定詞の語幹＋**ㄴ지**

＊ 語幹の最後にパッチムあり

形容詞・指定詞の語幹＋**은지**

※この表現の後には**알다**、もしくは**모르다**が続くことがよくある。
※指定詞⇒**인지**、**아닌지**
※**얼마나 ~ㄴ/은지 모르다**「どんなに(どれほど)～なのか知れない」5 6 8

1 왜 이렇게 **바쁜지** 알아요?

基本形 바쁘다⇒ 語幹 **바쁘**＋ 語尾 **ㄴ지**

2 오늘은 **피곤한지** 조금 졸리네요.

基本形 피곤하다⇒ 語幹 **피곤하**＋ 語尾 **ㄴ지**

3 제가 왜 키가 **작은지** 모르겠습니다.

基本形 작다⇒ 語幹 **작**＋ 語尾 **은지**

4 손자가 이렇게 **예쁜지** 이제야 알았습니다.

基本形 예쁘다⇒ 語幹 **예쁘**＋ 語尾 **ㄴ지**

5 얼마나 **한심한지** 몰라요.

基本形 한심하다⇒ 語幹 **한심하**＋ 語尾 **ㄴ지**

6 얼마나 **어려운지** 모릅니다.

基本形 어렵다⇒ 語幹 **어렵**＋ 語尾 **우＋ㄴ지**（ㅂ 脱落）

7 그 스타가 왜 인기가 **많은지** 알아요?

基本形 많다⇒ 語幹 **많**＋ 語尾 **은지**

8 우리 아이는 얼마나 **순진한지** 몰라요.

基本形 순진하다⇒ 語幹 **순진하**＋ 語尾 **ㄴ지**

※5「どれほど情けないのか分かりません」⇒「すごく情けないです」という意味。
※7 **알아요?**「知りますか？」は**알고 있어요?**「知っていますか？」のニュアンスで使われているケースも多い。
※8「どれほど純真なのか分かりません」⇒「すごく純真です」という意味。

50 （形容詞・指定詞の現在連体形を使った表現）

語幹＋ㄴ/은데

～であるが、～だが、～(な)のに、～けど、～ので

050

1 モデル**なのに**ブサイクなんですか？ 요体

2 **寒いのに**外で待ってるのですか？ 요体

3 **寒いのに**手袋もないのですか？ 니다体

4 リビングルームは**広いけど**部屋は狭いです。 요体

5 天気も**いいので**、洗濯でもしましょうか？ 요体

6 性格は**いいけど**、顔があんまりです。 요体

7 このズボンはちょっと**大きいので**、
他のサイズはないですか？ 요体

8 主婦**なのに**いまだに料理ができません。 니다体

補足メモ

※2、3 ㅂ変則：**춥다**「寒い」 ⇒ヨ体「**추**＋**우**＋**어요**」⇒「**추워요**」
⇒**ㄴ/은데**にする場合「**추**＋**우**＋**ㄴ데**」⇒「**추운데**」

※5 **빨래**「洗濯」「洗濯物」「洗濯をすること」、**빨래를 하다**「洗濯をする」、**빨래**

文法をおさえよう

語幹の最後にパッチムなし

形容詞・指定詞の語幹+ㄴ데

語幹の最後にパッチムあり

形容詞・指定詞の語幹+은데

※指定詞⇒「인데」、「아닌데」

※51課、56課も比較・参照

1 모델**인데** 못생겼어요?

基本形 이다⇒ 語幹 이+ 語尾 ㄴ데

2 **추운데** 밖에서 기다려요?

基本形 춥다⇒ 語幹 춥+ 語尾 우+ㄴ데（ㅂ脱落）

3 **추운데** 장갑도 없습니까?

基本形 춥다⇒ 語幹 춥+ 語尾 우+ㄴ데（ㅂ脱落）

4 거실은 **넓은데** 방이 좁아요.

基本形 넓다⇒ 語幹 넓+ 語尾 은데

5 날씨도 **좋은데** 빨래나 할까요?

基本形 좋다⇒ 語幹 좋+ 語尾 은데

6 성격은 **좋은데** 얼굴이 별로예요.

基本形 좋다⇒ 語幹 좋+ 語尾 은데

7 이 바지는 좀 **큰데** 다른 사이즈는 없나요?

基本形 크다⇒ 語幹 크+ 語尾 ㄴ데

8 주부**인데** 아직까지도 요리를 못합니다.

基本形 이다⇒ 語幹 이+ 語尾 ㄴ데

를 널다「洗濯物を干す」
※5 (**이**) **나**「〜でも」
※8 **아직까지도**は**아직까지**「未だに」を強調したニュアンスである。

51 （形容詞・指定詞の現在連体形を使った表現）

語幹+ㄴ/은데(요)

～ですけど、～ですね、～ですよ、～のに

051

① これは**何でしょうか**？ 요体

② 感じが**いいですね**。 요体

③ 目鼻立ちが**くっきりしていますね**。 요体

④ 今週は**忙しいんだけど**。 パンマル

⑤ それはちょっと**困るんですが**。 요体

⑥ この登山服は**軽いですね**。 요体

⑦ この鞄は**偽物のようですね**。 요体

⑧ 量がちょっと**多いですね**(ですが)。 요体

補足メモ

※① **이게**「直訳：これが」、**뭔데요**は**뭐인데요**の縮約形。**무엇인데요⇒뭐인데요⇒뭔데요**

※② 基 **느끼다**「感じる」 **느낌**「感じ」「フィーリング」

※③ **이목구비**「直訳：耳目口鼻」、**뚜렷하다**「くっきりしている」「はっきりしている」

文法をおさえよう

＊ 語幹の最後にパッチムなし

形容詞・指定詞の語幹+ **ㄴ데(요)**

＊ 語幹の最後にパッチムあり

形容詞・指定詞の語幹+ **은데(요)**

※逆接だけでなく、婉曲・不満・感嘆な表現をするときにも使われる。

※50課、56課も比較参照

1 이게 **뭔데요**?

무엇이다⇒ 名詞 무엇+ 語尾 인데요⇒뭔데요

2 느낌이 **좋은데요**.

基本形 좋다⇒ 語幹 좋+ 語尾 은데요

3 이목구비가 **뚜렷한데요**.

基本形 뚜렷하다⇒ 語幹 뚜렷하+ 語尾 ㄴ데요

4 이번 주는 **바쁜데**.

基本形 바쁘다⇒ 語幹 바쁘+ 語尾 ㄴ데

5 그건 좀 **곤란한데요**.

基本形 곤란하다⇒ 語幹 곤란하+ 語尾 ㄴ데요

6 이 등산복은 **가벼운데요**.

基本形 가볍다⇒ 語幹 가볍+ 語尾 우 + ㄴ데요 (ㅂ脱落)

7 이 가방은 **가짜 같은데요**.

基本形 같다⇒ 語幹 같+ 語尾 은데요

8 양이 좀 **많은데요**.

基本形 많다⇒ 語幹 많+ 語尾 은데요

※3 目鼻立ちがはっきりしている⇒「西洋的な顔立ち」「目鼻立ちがはっきりしてかっこいい」という意味としてよく使われる。

※7 基 **같다**「同じだ」、~**같다**「~ようだ」「~らしい」は「~のように感じる」というニュアンスで不確定的な断定などを表す。

52 (変則の現在連体形①)

ㅂ変則, ㄹ変則の形容詞・動詞

🔊 052

1 ㄹ変則 **知り**合いですか？ 요体

2 ㄹ変則 安く**売っている**お店はどこにありますか？ 요体

3 ㄹ変則 私は**長い**ストレートヘアが好きです。 요体

4 ㅂ変則 **怖い**人達が付いて来ます。 요体

5 ㅂ変則 世の中に**楽な**ことがどこにありますか？ 요体

6 ㄹ変則 **つらい**ことがあったらいつでも連絡してね。 パンマル

7 海でちょっと前に**とった**魚です。 니다体

8 ㅂ変則 韓国には**辛くない**料理もたくさんあります。 니다体

補足メモ

※3 **생머리**「ストレートヘア」
※4 (基) **무섭다**「怖い、恐ろしい」、ヨ体「**무서 + 우 + 어요**」⇒「**무서워요**」
※5 (基) **쉽다**「易しい、簡単だ(**간단하다**)、たやすい」⇔**어렵다**「難しい」
例>**쉬운　일이 아니다**.「容易なことではない」
※5 **어딨어요**は **어디 있어요**の縮約形

文法をおさえよう

ㅂ変則	ㅂ다を脱落+우+ㄴ

例 덥다 ⇒ 더운 여름:暑い夏

例外＞좁다(狭い)、잡다(つかむ、捕まえる)等のように規則的な活用もある。

ㄹ変則	形容詞	ㄹ다を脱落+ㄴ
	動詞	ㄹ다を脱落+는

例 (形容詞)멀다 ⇒ 먼 나라 :遠い国

(動詞)알다→아는 사람:知っている人、知り合い

1 **아는** 사람이에요?

基本形 알다⇒ 語幹 알+ 語尾 는 (ㄹ 脱落)

2 싸게 **파는** 가게가 어디에 있어요?

基本形 팔다⇒ 語幹 팔+ 語尾 는 (ㄹ 脱落)

3 저는 **긴** 생머리가 좋아요.

基本形 길다⇒ 語幹 길+ 語尾 ㄴ (ㄹ 脱落)

4 **무서운** 사람들이 따라와요.

基本形 무섭다⇒ 語幹 무섭+ 語尾 우 + ㄴ (ㅂ 脱落)

5 세상에 **쉬운** 일이 어딨어요?

基本形 쉽다⇒ 語幹 쉽+ 語尾 우 + ㄴ (ㅂ 脱落)

6 **힘든** 일이 있으면 언제든지 연락해.

基本形 힘들다⇒ 語幹 힘들+ 語尾 ㄴ (ㄹ 脱落)

7 바다에서 조금 전에 **잡은** 생선입니다.

基本形 잡다（正則活用）⇒ 語幹 잡+ 語尾 은

8 한국에는 **안 매운** 요리도 많이 있습니다.

基本形 맵다⇒ 語幹 맵+ 語尾 우 + ㄴ (ㅂ 脱落)

※5「世の中に楽なことがどこにありますか？」⇒「楽なことはない」ということを強調した表現。
※6 基 **힘들다**「きつい」「しんどい」「つらい」、**힘**「力」
※7 基 **잡다**「つかむ」「つかまえる」「にぎる」「とる」
※7 **물고기**「直訳：**물**水＋**고기**肉→魚」**생선**（生鮮）食べるための魚
※8 基 **맵다**「辛い」、ヨ体「**매**＋**우**＋**어요**」⇒「**매워요**」

53 (変則の現在連体形②)

르変則,으変則の形容詞・動詞

053

1　으変則　**嬉しい**知らせがあります。　요体

2　르変則　よく**知らない**人です。　요体

3　으変則　私に**なついている**後輩です。　요体

4　으変則　**悪い**男が魅力的に感じられます。　요体

5　르変則　歌を上手に**歌う**歌手が好きです。　니다体

6　으変則　帽子を**かぶった**人が山田さんですか?　니다体

7　으変則　本当に**大変な**ことですね。　요体

8　르変則　**他の**サイズはありませんか?　니다体

補足メモ

※3 **따르다**「従う」「ついていく」「追う」「なつく」「伴う」「そそぐ」

※3注意：日本語では「私になつく」と表現するが、韓国語では「**나를 잘 따르다**（私をよくなつく）」。

※3 韓国語では「私になつく後輩」と表現する場合でも、「なついている」のニュアンスで使用される。

※4 **느끼다**「感じる」 **느껴지다**「思える」「感じられる」

※5 **부르다**「呼ぶ」

文法をおさえよう

르変則	形容詞	語幹＋ㄴ
	動詞	語幹＋는

例＞(形容詞)**빠르다⇒빠른**　(動詞)**부르다⇒부르는**

으変則	形容詞	語幹＋ㄴ
	動詞	語幹＋는

例＞(形容詞)**나쁘다⇒나쁜**　(動詞)**쓰다⇒쓰는**

※例外＞語幹に르があるものでも、**따르다**(従う)、**들르다**(立ち寄る)のように으変則のものもある。

1 **기쁜** 소식이 있어요 .

基本形 기쁘다 ⇒ 語幹 **기쁘**+ 語尾 ㄴ

2 잘 **모르는** 사람이에요 .

基本形 모르다 ⇒ 語幹 **모르**+ 語尾 는

3 저를 잘 **따르는** 후배예요 .

基本形 따르다 ⇒ 語幹 **따르**+ 語尾 는

4 **나쁜** 남자가 매력적으로 느껴져요 .

基本形 나쁘다 ⇒ 語幹 **나쁘**+ 語尾 ㄴ

5 노래를 잘 **부르는** 가수가 좋습니다 .

基本形 부르다 ⇒ 語幹 **부르**+ 語尾 는

6 모자를 **쓴** 사람이 야마다씨입니까 ?

基本形 쓰다 ⇒ 語幹 **쓰**+ 語尾 ㄴ

7 정말 **큰**일이네요 .

基本形 크다 ⇒ 語幹 **크**+ 語尾 ㄴ

8 **다른** 사이즈는 없습니까 ?

基本形 다르다 ⇒ 語幹 **다르**+ 語尾 ㄴ

※6 基**쓰다**「使う、書く、苦い」という意味で頻繁に用いられる。他の表現もチェック！**모자를 쓰다**「帽子をかぶる」、**우산을 쓰다**「傘を差す」、**안경을 쓰다**「メガネをかける」

※7 **큰일**「重大なこと、大変なこと（直訳：大きいこと）」、**큰일나다**「大事（大変なこと）になる」

※8 **사이즈**を［**싸이즈**］と発音する人も多い。

54 （動詞・存在詞の現在連体形）語幹+는

🔊 054

1 **付き合っている**人はいますか？ 요体

2 **待っている**間、何をしましたか？ 요体

3 **かっこいい**男の人が好きですか？ 니다体

4 **好きな**趣味はありますか？ 요体

5 **愛している**人はいますか？ 니다体

6 **美味しい**料理が食べたいです。 요体

7 今**住んでいる**家はどこですか？ 니다体

8 **休み**時間は主に何をしますか？ 니다体

補足メモ

※3 **멋있는 남자를 좋아합니까？ = 멋있는 남자가 좋습니까？**

※7 **살다**「住む、生きる、くらす」 住んでいる家⇒**사는 집**（○） **살는 집**（×）

文法をおさえよう

動詞・存在詞の語幹＋는

例）**모르다**（知らない・分からない）⇒**모르는 사람**（知らない人）

※「～있다」と「～없다」には「～는」を用いる

例）**재미있다**（面白い）⇒ **재미있는 영화**（面白い映画）

「～있다」と「～없다」のつく形容詞の例⇒맛있다、맛없다、재미있다、재미없다

※例外＞ㄹ語幹の場合：ㄹがなくなり、「는」が付く。

알다（知る、分かる）⇒**아는 사람**（知っている人）

1 **사귀는** 사람 있어요？

基本形 사귀다⇒ 語幹 **사귀**＋ 語尾 는

2 **기다리는** 동안 뭐 했어요？

基本形 기다리다⇒ 語幹 **기다리**＋ 語尾 는

3 **멋있는** 남자를 좋아합니까？

基本形 멋있다⇒ 語幹 **멋있**＋ 語尾 는

4 **좋아하는** 취미가 있어요？

基本形 좋아하다⇒ 語幹 **좋아하**＋ 語尾 는

5 **사랑하는** 사람이 있습니까？

基本形 사랑하다⇒ 語幹 **사랑하**＋ 語尾 는

6 **맛있는** 요리를 먹고 싶어요．

基本形 맛있다⇒ 語幹 **맛있**＋ 語尾 는

7 지금 **사는** 집이 어디입니까？

基本形 살다⇒ 語幹 **살**＋ 語尾 는
（ㄹ 脱落）

8 **쉬는** 시간에는 주로 뭘 합니까？

基本形 쉬다⇒ 語幹 **쉬**＋ 語尾 는

55 (動詞・存在詞の現在連体形を使った表現)

語幹+는지

~なのか(どうか)

055

1	どこに**行くのか**知りません。	니다体
2	佐々木さんが誰を**好きなのか**知っていますか?	요体
3	どの会社で**働いているのか**知っていますか?	요体
4	どの化粧品を**使っているのか**知りたいです。	니다体
5	薬は**飲んでいるのか**心配ですね。	요体
6	彼氏が**いるのかいないのか**、なぜ知りたいのですか?	니다体
7	子供がいつ**産まれるのか**知っていますか?	니다体
8	その人を**愛しているのか**よく分かりません。	니다体

補足メモ

※2 基 **좋다**「良い、優れている」基 **좋아하다**「好きだ、好む」

※2 ※3 ※7 基 **알다**「知る、分かる」ヨ体:**알아요**　ニダ体:**압니다**, **압니까**?「知りますか?」は「知っていますか?」というニュアンスで頻繁に使われている。

※5 **약을 마시다**「薬を飲む」と表現しないように注意!

文法をおさえよう

動詞・存在詞の語幹 + 는지

※この表現の後には**알다**、もしくは**모르다**が続くことがよくある。
※漠然とした疑問を表す。

※49課も参照。

1 어디에 **가는지** 모릅니다 .

基本形 가다⇒ 語幹 **가**+ 語尾 **는지**

2 사사키씨가 누구를 **좋아하는지** 알아요 ?

基本形 좋아하다⇒ 語幹 **좋아하**+ 語尾 **는지**

3 어느 회사에서 **일하는지** 알아요 ?

基本形 일하다⇒ 語幹 **일하**+ 語尾 **는지**

4 무슨 화장품을 **쓰는지** 궁금합니다 .

基本形 쓰다⇒ 語幹 **쓰**+ 語尾 **는지**

5 약은 **먹고 있는지** 걱정이네요 .

基本形 있다⇒ 語幹 **있**+ 語尾 **는지**

6 남자친구가 **있는지 없는지** 왜 궁금합니까 ?

基本形 있다 , 없다⇒ 語幹 **있 , 없**+ 語尾 **는지**

7 아이가 언제 **태어나는지** 압니까 ?

基本形 태어나다⇒ 語幹 **태어나**+ 語尾 **는지**

8 그 사람을 **사랑하고 있는지** 잘 모르겠습니다 .

基本形 있다⇒ 語幹 **있**+ 語尾 **는지**

※5 ニュアンスをチェック→**약을 먹고 있는지**「薬を飲んでいるのか」
→**약은 먹고 있는지**「薬は（きちんと、忘れずに）飲んでいるのか」「薬を飲む事をちゃんと覚えてきちんと飲んでいるのか」という意味。
※6 基**남자친구**「直訳：男子友達」→一般的に「彼氏」を意味する。
※7 基 **태어나다**「生まれる」

56 (動詞・存在詞の現在連体形を使った表現)
語幹+는데

~であるが、~のに

🔊 056

1 スーパーに**行ったのですが**、野菜が安かったです。 요体

2 仕事がもうすぐ**終わるのですが**どこに行きましょうか? 요体

3 私は**平気なのですが**、夫はイヤだそうです。 요体

4 実物を**見たのですが**、人形のようでした。 니다体

5 電話ができないのですか? パンマル
この番号が**合っているはずなのに**。

6 **間違いないのに**。 パンマル

7 関心が**なかったのですが**、今は韓国ドラマのファンです。 니다体

8 子供がすぐ隣に**いるのに**、タバコを吸っても大丈夫ですか? 요体

補足メモ

※3 **상관없다**「(互いに)関係がない」「かまわない」「心配無用だ、平気だ」
※2 **끝나는데 [끈나는데]**、※4**봤는데 [봔는데]**、※5**맞는데 [만는데]**
※7 **없었는데 [업썬는데]**、※8 **있는데 [인는데]**

文法をおさえよう

動詞・存在詞の語幹 + 는데

※婉曲な表現をするときにも使われる。例)**잘 모르겠는데.** よくわからないんだけど。

例外> **ㄹパッチム** 語幹からパッチムㄹを脱落させ+는데

알다(知る、分かる)⇒**아는데**(知っているが)

※「〜(です)が、〜(ます)が」に対応する表現としては「〜**지만**」と「〜**는데**」がある。

⇒42課「〜**지만**」と比較しながらチェック！

1 슈퍼에 **갔는데** 야채가 쌌어요.

基本形 가다⇒ 語幹 **가**+ 語尾 **았는데**

2 일이 곧 **끝나는데** 어디 갈까요?

基本形 끝나다⇒ 語幹 **끝나**+ 語尾 **는데**

3 나는 **상관없는데** 남편은 싫대요.

基本形 상관없다⇒ 語幹 **상관없**+ 語尾 **는데**

4 실물을 **봤는데** 인형 같았습니다.

基本形 보다⇒ 語幹 **보**+ 語尾 **았는데**

5 전화가 안돼요? 이 번호가 **맞는데**.

基本形 맞다⇒ 語幹 **맞**+ 語尾 **는데**

6 **틀림없는데** ...

基本形 틀림없다⇒ 語幹 **틀림없**+ 語尾 **는데**

7 관심이 **없었는데** 지금은 한국드라마 팬입니다.

基本形 없다⇒ 語幹 **없**+ 語尾 **었는데**

8 아이가 바로 옆에 **있는데** 담배를 피워도 괜찮아요?

基本形 있다⇒ 語幹 **있**+ 語尾 **는데**

※5「電話ができない」は「電話そのものの異常」以外に「電話がつながらない」という意味として日常会話でよく使われる。

※8 **담배를 피우다**「タバコを吸う」

57 (動詞・存在詞の現在連体形を使った表現)

語幹+는 동안

~している間

🔊 057

1 **食べている間**

2 **働いている間**

3 **シャワーしている間**

4 **出張に行く間**

5 **待っている間**

6 雨が**降っている間**

7 韓国に**いる間**

8 音楽を**聴いている間**(直訳:音楽を**聴く間**)

補足メモ

※1 먹는 동안 [멍는 동안]
※2 일하는 동안 [이라는 동안]
※4 출장가는 동안 [출짱가는 동안]

文法をおさえよう

動詞・存在詞の語幹 + 는 동안

※例外＞ㄹ語幹の場合　놀다⇒노는 동안
살다⇒사는 동안

※동안は時間の「間」を意味する。

1 **먹는 동안**

基本形 먹다⇒ 語幹 **먹**+ 語尾 **는 동안**

2 **일하는 동안**

基本形 일하다⇒ 語幹 **일하**+ 語尾 **는 동안**

3 **샤워하는 동안**

基本形 샤워하다⇒ 語幹 **샤워하**+ 語尾 **는 동안**

4 **출장가는 동안**

基本形 출장가다⇒ 語幹 **출장가**+ 語尾 **는 동안**

5 **기다리는 동안**

基本形 기다리다⇒ 語幹 **기다리**+ 語尾 **는 동안**

6 비가 **오는 동안**

基本形 오다⇒ 語幹 **오**+ 語尾 **는 동안**

7 한국에 **있는 동안**

基本形 있다⇒ 語幹 **있**+ 語尾 **는 동안**

8 음악을 **듣는 동안**

基本形 듣다⇒ 語幹 **듣**+ 語尾 **는 동안**

※6 **비가 오다**「雨が来る」**비가 내리다**「雨が降る」両方チェック！

58 (現在連体形を使った表現)

現在連体形+대로

~するなり、~したらすぐ

058

1 仕事を**終えたらすぐ**

2 朝**起きたらすぐ**

3 計画**どおり**進めて下さい。 요体

4 君は何でいつも**自分勝手**なの？ パンマル

5 私の心はいつも**そのまま**です。 니다体

6 **ありのまま**のあなたが好きです。 요体
(直訳：あなたの姿、今の**そのまま**が好きです。)

7 メールを**受け取ったらすぐに**、電話連絡を下さい。 요体

8 **準備できたらすぐに**出発して下さい。 요体

補足メモ

※1 **끝내다**「終える」　比較：**끝나다**「終わる」
※3 **추진하다**「進める（直訳：推進する）」
※4 **니**：**너**「君、お前、あんた（目下の人、友達など親しい人に使う）」の方言なのだが、日常会話でよく使われる。
※5 **마음**「心」は「気持ち」として使われるケースもよくある。**마음대로**「勝手に」「自分が思うまま」

文法をおさえよう

動詞・存在詞の語幹＋**는 대로**

形容詞・指定詞の語幹：パッチムなし＋ **ㄴ 대로**

形容詞・指定詞の語幹：パッチムあり＋ **은 대로**

名詞＋**대로**

※語尾は用言の活用により変化する部分だが、ここでは「대로」も語尾と表記する。

※「〜とおりに」「〜のまま」の意味もある。

例）**제가 말한 대로 했어요?**　私が言ったとおりにしましたか？

1 일을 **끝내는 대로**

基本形 끝내다⇒ 語幹 **끝내**＋ 語尾 **는 대로**

2 아침에 **일어나는 대로**

基本形 일어나다⇒ 語幹 **일어나**＋ 語尾 **는 대로**

3 계획**대로** 추진하세요.

体言 계획＋ 語尾 **대로**

4 넌 왜 항상 니 **마음대로**니?

体言 마음＋ 語尾 **대로**

5 내 마음은 항상 **그대로**입니다.

体言 그＋ 語尾 **대로**

6 당신모습 지금 **그대로**가 좋아요.

体言 그＋ 語尾 **대로**

7 메일을 **받는 대로** 전화 연락 주세요.

基本形 받다⇒ 語幹 **받**＋ 語尾 **는 대로**

8 **준비되는 대로** 출발하세요.

基本形 준비되다⇒ 語幹 **준비되**＋ 語尾 **는 대로**

※5「心がそのまま」ということはそのままの場所であなたを待っている（愛していたその時点の気持ちが今でもそのまま）ので、「心変わりしない」という意味になる。

※6 **이대로**「このまま」**그대로**「そのまま」**저대로**「あのまま」

※8 **준비되다**「準備なる」⇒「準備できる」、**준비하다**「準備する」

59 ●伝聞の表現①(動詞)

動詞の語幹＋ㄴ/는대(요)

~だそうです、~ですって

🔊 059

1 **連絡するんですって。** 요体

2 **約束するんですって。** 요体

3 明日、**電話するんですって。** 요体

4 タバコを**やめるんですって。** 요体

5 明日から**勉強するんですって。** 요体

6 今日まで**食べるんですって。** 요体

7 今日中に**出発するんですって。** 요体

8 朝(に)遅く**起きるんですって。** 요体

補足メモ

※1 **연락한대요** [**열라칸대요**]、特に [**열라**] の [**ㄹ**] は英語の [L] の発音に近い。

※4 (基) **끊다**「切る」→「やめる」、例) **연락을 끊다**「連絡を切る」⇒「縁を切る」

※6 **오늘**「今日」、 **~까지**「~まで」、**만**「だけ」 **오늘까지**「今日まで」に **만**「~

文法をおさえよう

* 語幹の最後にパッチムなし

動詞の語幹 + ㄴ대요

* 語幹の最後にパッチムあり

動詞の語幹 + 는대요

例外＞ㄹ語幹(語幹の最後がㄹパッチム)の場合⇒ㄹがなくなり、「ㄴ대요」がつく。
알다 ⇒안대요

1 **연락한대요** .

基本形 연락하다⇒ 語幹 연락하+ 語尾 ㄴ대요

2 **약속한대요** .

基本形 약속하다⇒ 語幹 약속하+ 語尾 ㄴ대요

3 내일 **전화한대요** .

基本形 전화하다⇒ 語幹 전화하+ 語尾 ㄴ대요

4 담배를 **끊는대요** .

基本形 끊다⇒ 語幹 끊+ 語尾 는대요

5 내일부터 **공부한대요** .

基本形 공부하다⇒ 語幹 공부하+ 語尾 ㄴ대요

6 오늘까지만 **먹는대요** .

基本形 먹다⇒ 語幹 먹+ 語尾 는대요

7 오늘 중으로 **출발한대요** .

基本形 출발하다⇒ 語幹 출발하+ 語尾 ㄴ대요

8 아침 (에) 늦게 **일어난대요** .

基本形 일어나다⇒ 語幹 일어나+ 語尾 ㄴ대요

だけ」を入れることで、「今日まで」という表現がより強調され、今日で全て終了するという強いニュアンスになる。

※8 基 **늦다**「遅い、遅れる」

60 ●伝聞の表現②（形容詞・存在詞・指定詞）

形容詞・存在詞・指定詞の語幹＋대(요)

～だそうです、～ですって

🔊 060

[1] 娘が**まじめだそうです。** 요体

[2] 今は恋人が**いないんですって**？ 요体

[3] 付き合っている人が**いるそうです。** 요体

[4] 旦那さんが10歳**若いそうです。** 요体

[5] ペク先生は昔も**きれいだったそうです。** 요体

[6] 新婚の時は経済的に**大変だったそうです。** 요体

[7] おばあちゃんは昔人気が**高かったそうです。** 요体

[8] おじいちゃんはおばあちゃんの話を**信じなかったそうです。** 요体

補足メモ

※[1] 基 **성실하다**「真面目だ」、**성실**「直訳：誠実」

※[2] **애인**「愛人」⇒「愛する人」なので、「付き合っている人」**사귀는 사람**を意味します。※**남자친구**「彼氏（直訳：男子友達）」、**여자친구**「彼女（直訳：女子友達）」

※[4] 基 **어리다**「幼い」は **젊다**「若い」のニュアンスで使われるケースも多い。

※[5] **옛날에**「直訳：昔に」

文法をおさえよう

形容詞・存在詞・指定詞の語幹 ＋ 대요

※伝聞の過去表現

＊語幹の最後に「ㅗ」か「ㅏ」あり

形容詞・存在詞・指定詞の語幹＋았대요

＊語幹の最後に「ㅗ」か「ㅏ」なし

形容詞・存在詞・指定詞の語幹＋었대요

1 딸이 **성실하대요**.

基本形 성실하다⇒ 語幹 **성실하**＋ 語尾 **대요**

2 지금은 애인이 **없대요**?

基本形 없다⇒ 語幹 **없**＋ 語尾 **대요**

3 사귀는 사람이 **있대요**.

基本形 있다⇒ 語幹 **있**＋ 語尾 **대요**

4 남편이 10 살 **어리대요**.

基本形 어리다⇒ 語幹 **어리**＋ 語尾 **대요**

5 백선생님은 옛날에도 **예뻤대요**.

基本形 예쁘다⇒ 語幹 **예쁘**＋ 語尾 **었대요**（ㅡ脱落）

6 신혼 때는 경제적으로 **힘들었대요**.

基本形 힘들다⇒ 語幹 **힘들**＋ 語尾 **었대요**

7 할머니는 옛날에 인기가 **많았대요**.

基本形 많다⇒ 語幹 **많**＋ 語尾 **았대요**

8 할아버지는 할머니의 이야기를 **믿지 않았대요**.

基本形 않다⇒ 語幹 **않**＋ 語尾 **았대요**

※6 ～**으로**「～へ」動きの方向・経路、変化の方向を表す場合が多いのだが、「～で」「～に」で訳される場合も多い。例＞**일반적으로**「一般的に」**농담으로**「冗談で」

※7 **옛날에**「直訳：昔に」

※7 **인기가 많다**「人気が多い」、**인기가 높다**「人気が高い」と言わないように注意！

61 （現在連体形を使った表現）

으(ㄴ)/는 것 같다

～(する)ようだ

061

[1] **可愛いと思いますか**？（直訳：**可愛いようですか？**） 니다体

[2] 今**寝ているようです**。 요体

[3] 通話中**のようです**。（直訳：通話中**であるようです**。） 니다体

[4] 二人が**付き合っているようですか**？ 요体

[5] 電話を**受けているようです**。 요体

[6] **ここではないようです**。 니다体

[7] テンジャンチゲを**作っているようです**。 니다体

[8] プルアム山の景色が**美しいようです**。 니다体

補足メモ

※[3] **전화**「電話」**통화**「通話」
※[4] (基) **사귀다**「付き合う」＝ (基) **교제하다**「交際する」
※[6] **아니다**「～ではない、違う」
※[7] **된장**「みそ」、**찌개**「なべ」

文法をおさえよう

動詞・存在詞の語幹 +는 것 같다

形容詞・指定詞の語幹：パッチムなし+ㄴ 것 같다

形容詞・指定詞の語幹：パッチムあり+은 것 같다

※「ㄴ/는 것 같다～ようだ」は「고 있는 것 같다：～しているようだ」のニュアンスで頻繁に使われる。
※「～だ」とストレートに表現するより、遠まわしに意見を述べるときにこの表現を使用する。「自分が直接経験した事」に関しても「～것 같다　～ようだ」と表現する場合が多い。

例外＞ ㄹパッチム 語幹からパッチムㄹを脱落させ+는 것 같다

1 **예쁜 것 같습니까**？

基本形 예쁘다⇒ 語幹 **예쁘**+ 語尾 **ㄴ 것 같습니까？**

2 지금 **자는 것 같아요**.

基本形 자다⇒ 語幹 **자**+ 語尾 **는 것 같아요**

3 통화중**인 것 같습니다**.

基本形 이다⇒ 語幹 **이**+ 語尾 **ㄴ 것 같습니다**

4 둘이 **사귀는 것 같아요**？

基本形 사귀다⇒ 語幹 **사귀**+ 語尾 **는 것 같아요？**

5 **전화（를）받고 있는 것 같아요**.

基本形 있다⇒ 語幹 **있**+ 語尾 **는 것 같아요**

6 여기가 **아닌 것 같습니다**.

基本形 아니다⇒ 語幹 **아니**+ 語尾 **ㄴ 것 같습니다**

7 된장찌개를 **만들고 있는 것 같습니다**.

基本形 있다⇒ 語幹 **있**+ 語尾 **는 것 같습니다**

8 불암산의 경치가 **아름다운 것 같습니다**.

基本形 아름답다⇒ 語幹 **아름답**+ 語尾 **우 + ㄴ것 같습니다**
（ㅂ 脱落）

※ 0 基 **아름답다**「美しい」
ㅂ変則「**우**」が挿入されるのでヨ体は「**아름다 + 우 + 어요**」⇒「**아름다워요**」
「**아름다 + 우 + ㄴ것 같다**」⇒「**아름다운 것 같다**」

62 ~군(요)/~는군(요)

~ですね、~ますね

062

1 **いいですね。** 요体

2 **そうですね。** 요体

3 雨が**降りますね。** 요体

4 部屋がちょっと**暑いですね。** 요体

5 事務室が**静かですね。** 요体

6 妹がとても**かわいいですね。** 요体

7 韓国語がとても**お上手ですね。** 요体

8 ここは人がたくさん**集まるのですね。** 요体

補足メモ

※ **~군요**の**요**を取って言うと、「独り言」のように使える。

※2 **그렇군요 [그러쿤뇨]** は「そういうことですか」というニュアンスが含まれていると思って下さい。 基 **그렇다** 「そうだ」「そのとおりだ」

文法をおさえよう

形容詞・存在詞・指定詞の語幹 + 군(요)

動詞の語幹 + 는군(요)

※初めて知ったことを感嘆して話すとき使う。
※驚いたり感心したりした気持ちをストレートに表す。
※指定詞の語幹＋로군(요) もよく使われる。
※～군요は話者が 知らなかったこと・事実を他人から聞いた時に、感嘆の意味として使われる。一方、～네요は知らなかったことを他人から聞いて,自分も「そう思っていた」というニュアンスで使われる。

例外＞ ㄹパッチム 語幹からパッチムㄹを脱落させ＋는군(요)

1 **좋군요**.

基本形 좋다⇒ 語幹 **좋**+ 語尾 **군요**

2 **그렇군요**.

基本形 그렇다⇒ 語幹 **그렇**+ 語尾 **군요**

3 비가 **오는군요**.

基本形 오다⇒ 語幹 **오**+ 語尾 **는군요**

4 방안이 좀 **덥군요**.

基本形 덥다⇒ 語幹 **덥**+ 語尾 **군요**

5 사무실이 **조용하군요**.

基本形 조용하다⇒ 語幹 **조용하**+ 語尾 **군요**

6 여동생이 참 **예쁘군요**.

基本形 예쁘다⇒ 語幹 **예쁘**+ 語尾 **군요**

7 한국말을 참 **잘하시는군요**.

基本形 잘하시다⇒ 語幹 **잘하시**+ 語尾 **는군요**

8 여기는 사람들이 많이 **모이는군요**.

基本形 모이다⇒ 語幹 **모이**+ 語尾 **는군요**

※4 **방**「部屋」 **안**「中」⇒**방안**「直訳：部屋の中」
※7 **잘하시는군요**は **잘하는군요**より、丁寧な表現。

63 ~구나

~ね、なぁ！

063

[1] 背が**高いね**

[2] 足が**長いね。**

[3] 家柄が**いいね。**

[4] 何でもよく**食べるのね。**

[5] 今日が誕生日**なのね。**

[6] 梅雨が**始まるね。**

[7] 芸能人はやっぱり顔が**小さいね。**

[8] うちの娘がいよいよお嫁に**行くのね。**

補足メモ

※[1] 背が高いは**키가 크다**「直訳:背が大きい」と表現するので、直訳:**키가 높다**「背が高い」と言わないように注意！

※[3] **집안**は「家の中」以外に「家柄」「家門」などの意味としても頻繁に使われる。

※[4] **뭐든지**「何でも」**어디든지**「どこでも」**누구든지**「だれでも」**얼마든지**「いくらでも」

文法をおさえよう

※驚いたり感心したりした気持ちをストレートに表す。군요よりくだけた表現。

形容詞·存在詞·指定詞の語幹 + **구나**

動詞の語幹 + **는구나**

※初めて知ったことを感嘆して話すとき使う。

※指定詞の語幹+**로구나**もよく使う。例文の5を参照。

例外＞動詞の ㄹパッチム 語幹からパッチムㄹを脱落させ+는구나

1 키가 **크구나**.

基本形 크다⇒ 語幹 크+ 語尾 구나

2 다리가 **길구나**.

基本形 길다⇒ 語幹 길+ 語尾 구나

3 집안이 **좋구나**.

基本形 좋다⇒ 語幹 좋+ 語尾 구나

4 뭐든지 잘 **먹는구나**.

基本形 먹다⇒ 語幹 먹+ 語尾 는구나

5 오늘이 생일이**로구나**.

基本形 이다⇒ 語幹 이+ 語尾 로구나

6 장마가 **시작되는구나**.

基本形 시작되다⇒ 語幹 시작되+ 語尾 는구나

7 연예인은 역시 얼굴이 **작구나**.

基本形 작다⇒ 語幹 작+ 語尾 구나

8 우리 딸이 드디어 시집을 **가는구나**.

基本形 가다⇒ 語幹 가+ 語尾 는구나

※5 **생일**「誕生日」、**생신**「お誕生日」⇒ご両親を含めて年配の方に対して使われる。
※7 **연예인 [여네인]**
※8 **시집을 가다**「女の人が結婚する」

64 （動詞の現在連体形を使った表現）
語幹+는 도중에/길에
～する途中で、～する途中に

🔊 064

1 **寝てる最中に**歯ぎしりをしますか？ 요体

2 講義を**聞いている途中で**眠りましたか？ 요体 注意

3 家に**行く途中で**スーパーに寄りました。 니다体

4 故郷に**行く途中で**ガソリンを入れました。 니다体

5 野球の試合を**見ている途中で**雨がふりました。 니다体 注意

6 ドラマを**見ている途中で**何度も泣きました。 니다体 注意

7 **出勤する途中**、駅前でサンドイッチを食べました。 요体

8 放送を**予約録画している途中で**全部消えてしまいました。 요体 注意

補足メモ

※1 **이를 갈다**「歯ぎしりをする」

※2「眠りました」には「眠ってしまった」というニュアンスも含まれている。

基 **졸다**「眠る」

※3 **들르다**「寄る、立ち寄る」、**슈퍼마켓** (supermarket) を縮約して**슈퍼**とも言う。

文法をおさえよう

44課もあわせてチェック！

動詞の語幹＋는 도중에/길에

・**도중에**（直訳：途中で）

現在連体形＋**도중에**「～（する）途中で、最中に」

・**길에**（直訳：道で）

現在連体形（移動を意味する動詞の現在連体形）＋**길에**「～（する）途中で、～（する）ついでに」

注意 日本語では「～している」のように現在進行形で表現するものも、韓国語では「～する」のように現在形で表現する場合が多い。

1 **자는 도중에** 이를 갈아요？

基本形 자다⇒ 語幹 **자**＋ 語尾 **는 도중에**

2 강의를 **듣는 도중에** 졸았어요？

基本形 듣다⇒ 語幹 **듣**＋ 語尾 **는 도중에**

3 집에 **가는 길에** 슈퍼에 들렀습니다．

基本形 가다⇒ 語幹 **가**＋ 語尾 **는 길에**

4 고향에 **가는 길에** 기름을 넣었습니다．

基本形 가다⇒ 語幹 **가**＋ 語尾 **는 길에**

5 야구 시합을 **보는 도중에** 비가 왔습니다．

基本形 보다⇒ 語幹 **보**＋ 語尾 **는 도중에**

6 드라마를 **보는 도중에** 몇 번이나 울었습니다．

基本形 보다⇒ 語幹 **보**＋ 語尾 **는 도중에**

7 **출근하는 길에** 역 앞에서 샌드위치를 먹었어요．

基本形 출근하다⇒ 語幹 **출근하**＋ 語尾 **는 길에**

8 방송을 **예약녹화하는 도중에** 다 지워져 버렸어요．

基本形 예약녹화하다⇒ 語幹 **예약녹화하**＋ 語尾 **는 도중에**

※4 **기름**「油」は**식용유**「食用油」や**휘발유**「揮発油」「ガソリン」なども意味する。

※7 **출근**「出勤」、**퇴근**「退勤」、**퇴사하다**「退社する」→「会社をやめる」

※8 **지우다**「消す」＝**삭제하다**「削除する」

지워지다「消える」、**지워져 버리다**「消えてしまう」

65 （現在連体形を使った表現）

現在連体形＋한

～する限り、～としても

065

1 私が**知っている限り**では……。

2 **別れない限り**家に戻ってくるな！ パンマル

3 私が**生きている限り**結婚は絶対ダメ！ パンマル

4 特別なことが**ない限り**そのまま進めて下さい。 요体

5 **努力しない限り**結果は付いてきません。 요体

6 深刻に**悩まない限り**発展することはできません。 니다体

7 私の体が**壊れるとしても**、必ずやってみせます。 요体

8 私が**言わない限り**誰にも言わないで下さい。 요体

補足メモ

※2 基 **헤어지다**「別れる」
※4 基 **추진하다**「直訳：推進する」
※6 **심각하게**「深刻に」「シリアスに」は**진지하게**「真剣に」に訳される場合も多い。
※7 **몸이**「体が」、基 **부서지다**「壊れる」

文法をおさえよう

現在連体形 + 한

※動詞・存在詞の後に用いられ、「このような条件では」の意味で使われる。

1 내가 **알고 있는 한**은 …

基本形 있다⇒ 語幹 **있**+ 語尾 **는 한**

2 **헤어지지 않는 한** 집에 들어오지 마 !

基本形 않다⇒ 語幹 **않**+ 語尾 **는 한**

3 내가 **살아 있는 한** 결혼은 절대 안돼 !

基本形 있다⇒ 語幹 **있**+ 語尾 **는 한**

4 특별한 일이 **없는 한** 그대로 추진하세요 .

基本形 없다⇒ 語幹 **없**+ 語尾 **는 한**

5 **노력하지 않는 한** 결과는 따라오지 않아요 .

基本形 않다⇒ 語幹 **않**+ 語尾 **는 한**

6 심각하게 **고민하지 않는 한** 발전할 수 없습니다 .

基本形 않다⇒ 語幹 **않**+ 語尾 **는 한**

7 내 몸이 **부서지는 한**이 있어도 반드시 해낼 거예요 .

基本形 부서지다⇒ 語幹 **부서지**+ 語尾 **는 한**

8 제가 **말하지 않는 한** 아무한테도 말하지 마세요 .

基本形 않다⇒ 語幹 **않**+ 語尾 **는 한**

※7 **몸이 부서지는 한**「直訳：体が壊れる限り」⇒**몸이 부서지는 한이 있어도**「どんなことがあっても」という意味になります。
※7「やってみせる、やり遂げる」⇒**해 보일 거예요**（×）**해낼 거예요**（○）

66 （形容詞の活用）

現在連体形＋듯하다

～ようだ、～そうだ

066

1 **シーンと静まりかえっています。** 요体

2 ここが**合っているようです。** 요体

3 最近、体（体の調子）が**よくないようです** 。 요体

4 今、雨が**降っているようです。** 요体

5 何かの事情が**あるようです。** 요体

6 雲の上を**歩いているようです。** 니다体

7 話せない何かの**理由があるようです。** 니다体

8 近所の病院に**通っているようです。** 요体

補足メモ

※1 **쥐 죽은 듯 조용하다**「シーンと静まりかえっている（直訳：ねずみが死んでいるように静かだ）」

※3 **몸**→「体」以外に「体の調子」を意味する場合も多い。

文法をおさえよう

現在連体形＋듯하다

・動詞の現在連体形＋듯하다
⇒過去の事柄を推測すること表す。「そうしたようだ」

・形容詞の現在連体形＋듯하다
⇒ある事柄を推測することを表す。「そのようだ」

※～듯하다「～のようだ、～そうだ、～らしい」は客観的な推測を表す。「自分と直接関係がない」ニュアンスで使われる。

1 **쥐 죽은 듯 조용해요**.

基本形 죽다⇒ 語幹 죽＋ 語尾 은 듯

2 여기가 **맞는 듯해요**.

基本形 맞다⇒ 語幹 맞＋ 語尾 는 듯해요

3 요즘 몸이 **안 좋은 듯해요**.

基本形 좋다⇒ 語幹 좋＋ 語尾 은 듯해요

4 지금 비가 **오는 듯해요**.

基本形 오다⇒ 語幹 오＋ 語尾 는 듯해요

5 무슨 사정이 **있는 듯해요**.

基本形 있다⇒ 語幹 있＋ 語尾 는 듯해요

6 구름 위를 **걷는 듯합니다**.

基本形 걷다⇒ 語幹 걷＋ 語尾 는 듯 합니다

7 말 못할 무슨 **이유가 있는 듯합니다**.

基本形 있다⇒ 語幹 있＋ 語尾 는 듯합니다

8 근처 병원에 **다니는 듯해요**.

基本形 다니다⇒ 語幹 다니＋ 語尾 는 듯해요

67 （現在連体形を使った表現）

現在連体形＋모양이다

～ようだ、～みたいだ

067

1 お酒を**飲んでいるようです。** 니다体

2 **気になるようです。** 니다体

3 故郷のことを**考えているようです。** 니다体

4 今、**寝ているようです。** 요体

5 新聞を**読んでいるようです。** 니다体

6 今も**腹が立っているようです。** 요体

7 その問題で**悩んでいるようです。** 요体

8 二人が**付き合っているようです。** 요体

補足メモ

※1 **마시는 모양입니다**「飲むようです」と書いているとしても「飲んでいるようです。**마시고 있는 모양입니다**.」のニュアンスがある。
※2 **신경이 쓰이다**「気になる」、**신경을 쓰다**「神経をつかう、気を使う」

文法をおさえよう

現在連体形 + 모양이다

※**모양**「様子(直訳：模様)」

※「見たところそういう様子だ」という意味

1 술을 **마시는 모양입니다**.

基本形 마시다⇒ 語幹 **마시**+ 語尾 **는 모양입니다**

2 **신경이 쓰이는 모양입니다**.

基本形 쓰이다⇒ 語幹 **쓰이**+ 語尾 **는 모양입니다**

3 고향 **생각하는 모양입니다**.

基本形 생각하다⇒ 語幹 **생각하**+ 語尾 **는 모양입니다**

4 지금 **자고 있는 모양이에요**.

基本形 있다⇒ 語幹 **있**+ 語尾 **는 모양이에요**

5 신문을 **읽고 있는 모양입니다**.

基本形 있다⇒ 語幹 **있**+ 語尾 **는 모양입니다**

6 아직도 **화가 나는 모양이에요**.

基本形 (화가) 나다⇒ 語幹 **나**+ 語尾 **는 모양이에요**

7 그 문제로 **고민하는 모양이에요**.

基本形 고민하다⇒ 語幹 **고민하**+ 語尾 **는 모양이에요**

8 둘이 **사귀는 모양이에요**.

基本形 사귀다⇒ 語幹 **사귀**+ 語尾 **는 모양이에요**

※5 **읽고있는 [일꼬인는]**

コラム 3

韓国人の写真文化

韓国ドラマが好きな方や生徒さんによく聞かれる質問は、韓国人はなぜ自分や家族の写真を飾るのか？です。

確かに！　言われてから考えてみると、親戚の家にもデカイ家族の写真が飾られていました。情熱白先生も韓国の実家に帰ったときに部屋のドアを開けたら一瞬拝まないといけないのかなと思うくらいの超大型の自分の写真が飾られていましたからね（汗）

理由はいろいろあると思いますが、韓国人にとって写真は愛の表現の一つだと言えます。韓国人は家族のことが大好きで、皆に自慢したいくらいです。なので、家に飾ったり、財布などに入れたり、携帯の待ち受け画面にしたりする場合もよくあります。親が自分の子どもを自慢することも普通にあり得る話です。ですから、普通の親は子どもの顔を公開することでそこまで心配しないと思います。有名人や大富豪でもないので普通の人が自分の子にそこまで興味を持つことはありえないからです。また、だれが見ても可愛いなら噂が広がり自然に有名になるので、むしろ顔が知られて守られるという面で俳優になった人もいます。また子どもにとって親は世の中で一番尊敬できる存在なので、親の写真も大切にします。

韓国は、朝鮮戦争の後ソウルオリンピック（1988 年）開催まで、しばらく大変な時期が続いていたので、家族が離れ離れになって頑張った人も少なくなかったと思います。大変なときや泣きたいときは家族の写真を見ながら乗り越えたりしました。韓国人にとって写真は自分を元気づけてくれる源だったかもしれません。

それは彼氏彼女が対象になっても変わりありません。SNS 上でも愛する人の顔を一緒に公開する場合があります。もちろん、別れたらほとんどの人が削除します（苦笑）^^;;

また写真は、信頼を意味するときもあります。ですから、会社でも代表の人の顔を公開する場合がよくあります。恥ずかしいですが、情熱白先生は公開です（笑）　情熱白先生が言えるのは、韓国人にとって写真と写真の公開はいろんな意味を持っていますし、その影響力も大きいということです。

Part 4

否定・敬語の表現でバリエーションを増やそう！

68 ~지 말다

~するのをやめる、~しないでおく

🔊 068

1 **触らないで下さい。** 요体

2 **ついて来ないで下さい。** 요体

3 **気にしないで下さい。** 요体

4 **無理しないで下さい。** 요体

5 私を置いて**行かないで。** パンマル

6 絶対に**あきらめないで下さい。** 요体

7 芝生に**入らないで下さい。** 요体

8 これからは連絡なしで**訪ねて来ないで下さい。** 요体

補足メモ

※2 **따르다**「従う、追う」＋**오다**「来る」⇒ **따라오다**「ついてくる」

※3 **신경**「神経」＋**쓰다**「使う」⇒**신경 쓰다**「気にする」

※5 **날**は**나를**「私を」の縮約形。(基) **가다**「行く」 比較： (基) **떠나다**「(遠い所に)行く、去る、離れる、旅立つ」

文法をおさえよう

動詞の語幹 + 지 말다

指定の命令·依頼·勧誘の禁止

例 해(して) ⇔ ①하지 마(するな！やるな！)
하세요(して下さい) ⇔ ②하지 마세요(しないで下さい)
해 주세요(して下さい) ⇔ ③하지 말아 주세요.(しないで下さい)

②の禁止表現より③の禁止表現の方が柔らかいニュアンスになる。

1 **만지지 마세요.**

基本形 만지다⇒ 語幹 **만지**+ 語尾 **지 마세요**

2 **따라오지 마세요.**

基本形 따라오다⇒ 語幹 **따라오**+ 語尾 **지 마세요**

3 **신경 쓰지 마세요.**

基本形 신경 쓰다⇒ 語幹 **신경 쓰**+ 語尾 **지 마세요**

4 **무리하지 마세요.**

基本形 무리하다⇒ 語幹 **무리하**+ 語尾 **지 마세요**

5 날 두고 **떠나지 마.**

基本形 떠나다⇒ 語幹 **떠나**+ 語尾 **지 마**

6 절대로 **포기하지 마세요.**

基本形 포기하다⇒ 語幹 **포기하**+ 語尾 **지 마세요**

7 잔디에 **들어가지 마세요.**

基本形 들어가다⇒ 語幹 **들어가**+ 語尾 **지 마세요**

8 앞으로는 연락없이 **찾아오지 말아 주세요.**

基本形 찾아오다⇒ 語幹 **찾아오**+ 語尾 **지 말아 주세요**

※7 **들어가다**「入って行く」、**들어오다**「入ってくる」

69 ~지 마십시오/~지 말아요

~しないで下さい

069

1 **泣かないで下さい。** 요体

2 **からかわないで下さい。** 요体

3 私を**忘れないで下さい。** 요体

4 **言い訳しないで下さい。** 요体

5 話を**そらさないで下さい。** 요体

6 無理に**説明しないで下さい。** 니다体

7 勝手に**触らないで下さい。** 니다体

8 振込め詐欺に絶対**騙されないで下さい。** 니다体

補足メモ

※5 **말**「話」＋**돌리다**「回す、回転させる、回らせる」: **말 돌리다**「話を回す」⇒「話をそらす」

※6 **굳이** [**구지**] ⇒「強いて、無理に」

※7 **손대다**「手を付ける」「(手で) 触る」「(手で) 触れる」「手を出す」

文法をおさえよう

※～지 말다の丁寧な禁止表現。

※～지 마십시오は～(으)십시오の否定形。

例 창문을 열다(窓を開ける)
창문을 여십시오.（窓を開けて下さい。）
창문을 열지 마십시오.(窓を開けないで下さい。)

※～지 마십시오のほうが～지 말아요よりかしこまった禁止のニュアンスが強い。

※似た表現である～지 말아 주세요は주세요「下さい」の表現を使っていることにより、頼み・要請のニュアンスが強いので、一般的には하지 말아요という表現が日常会話や歌詞でよく使われる。

1 **울지 말아요**.

基本形 울다⇒ 語幹 **울**＋ 語尾 **지 말아요**

2 **놀리지 말아요**.

基本形 놀리다⇒ 語幹 **놀리**＋ 語尾 **지 말아요**

3 날 **잊지 말아요**.

基本形 잊다⇒ 語幹 **잊**＋ 語尾 **지 말아요**

4 **변명하지 말아요**.

基本形 변명하다⇒ 語幹 **변명하**＋ 語尾 **지 말아요**

5 말 **돌리지 말아요**.

基本形 돌리다⇒ 語幹 **돌리**＋ 語尾 **지 말아요**

6 굳이 **설명하지 마십시오**.

基本形 설명하다⇒ 語幹 **설명하**＋ 語尾 **지 마십시오**

7 마음대로 **손대지 마십시오**.

基本形 손대다⇒ 語幹 **손대**＋ 語尾 **지 마십시오**

8 보이스피싱 사기에 절대 **속지 마십시오**.

基本形 속다⇒ 語幹 **속**＋ 語尾 **지 마십시오**

※8 **보이스피싱** (voice phishing)　音声 (voice) と　個人情報 (private data), 釣り (fishing) が合成された新語。日本でいう振込め詐欺を含めての金融詐欺などの犯罪のこと。

70 ～지 맙시다

～しないことにしましょう、～のはやめましょう

070

1 友情が**変わらないように！** パンマル
（直訳：友情が**変わるのはやめよう！**）

2 人の**悪口を言うのはやめよう！** パンマル

3 **ぶつぶつ言うのはやめましょう！** 니다体

4 これ以上**失望しないようにしよう！** パンマル
（直訳：これ以上**失望するのはやめよう！**）

5 永遠に**別れないようにしよう！** パンマル

6 むやみに**疑うのはやめましょう！** 니다体

7 ゴミを**捨てるのはやめましょう！** 니다体

8 二度と**会わないようにしましょう！** 니다体

補足メモ

※1 **변치**は**변하지**の縮約形
※2 **남**「自分以外の人→他人」「家族以外の人」を意味する。比較：**타인**「直訳：他人」。**욕하다**「悪口を言う」

文法をおさえよう

動詞の語幹 + 지 맙시다/지 말자

例 **합시다**(しましょう) ⇔ **하지 맙시다** (しないことにしましょう)
하자(しよう) ⇔ **하지 말자** (しないことにしよう)

1 우정 **변치 말자**!

基本形 변하다⇒ 語幹 **변하**+ 語尾 **지 말자**!⇒**변치 말자**!

2 남 **욕하지 말자**!

基本形 욕하다⇒ 語幹 **욕하**+ 語尾 **지 말자**!

3 **투덜거리지 맙시다**.

基本形 투덜거리다⇒ 語幹 **투덜거리**+ 語尾 **지 맙시다**!

4 더이상 **실망하지 말자**!

基本形 실망하다⇒ 語幹 **실망하**+ 語尾 **지 말자**!

5 영원히 **헤어지지 말자**!

基本形 헤어지다⇒ 語幹 **헤어지**+ 語尾 **지 말자**!

6 괜히 **의심하지 맙시다**!

基本形 의심하다⇒ 語幹 **의심하**+ 語尾 **지 맙시다**!

7 쓰레기를 **버리지 맙시다**!

基本形 버리다⇒ 語幹 **버리**+ 語尾 **지 맙시다**!

8 두 번 다시 **만나지 맙시다**!

基本形 만나다⇒ 語幹 **만나**+ 語尾 **지 맙시다**!

※3 **투덜거리다**「ぶつぶつ言う」
※8 **두 번**「二度」+**다시**「再び」⇒**두 번 다시**「二度と」

71 ~지 못하다

~できない

071

1 夜**寝られないのですか**？ 요体

2 トルジャンチが**できませんでした。** 요体

（直訳：トルジャンチを**することができませんでした。**）

3 赤ちゃんはまだ**歩くことができません。** 니다体

4 新婚旅行に**行くことができませんでしたか**？ 니다体

5 ご飯をまだ**食べることができませんでした。** 요体

6 結婚式を**挙げることができませんでした。** 니다体

7 ポジャギを**完成することができませんでした。** 니다体

8 運命の相手に**逢うことができませんでした。** 요体

補足メモ

※1 **잠(을) 자다**「寝る」

※2 **돌**「満一年になる日」**잔치**「宴会」→**돌잔치**「初誕生日のお祝いの披露宴」

※4「**신혼여행을 가다**：新婚旅行を行く」と表現するので、「**신혼여행에 가다**：新婚旅行に行く」と表現しないように注意！

※5 **아직**「まだ」が入る事で、「食事の時間が過ぎたにも関わらずいまだに食べていない」というニュ

文法をおさえよう

動詞の語幹 + **지 못하다**

・そのような状態ではない
・そのような状態に至ることができない
という意味

1 밤에 잠을 **자지 못해요**?

基本形 자다⇒ 語幹 **자**+ 語尾 **지 못해요?**

2 돌잔치를 **하지 못했어요**.

基本形 하다⇒ 語幹 **하**+ 語尾 **지 못했어요**

3 아기는 아직 **걷지 못합니다**.

基本形 걷다⇒ 語幹 **걷**+ 語尾 **지 못합니다**

4 신혼여행을 **가지 못했습니까**?

基本形 가다⇒ 語幹 **가**+ 語尾 **지 못했습니까?**

5 밥을 아직 **먹지 못했어요**.

基本形 먹다⇒ 語幹 **먹**+ 語尾 **지 못했어요**

6 결혼식을 **올리지 못했습니다**.

基本形 올리다⇒ 語幹 **올리**+ 語尾 **지 못했습니다**

7 보자기를 **완성하지 못했습니다**.

基本形 완성하다⇒ 語幹 **완성하**+ 語尾 **지 못했습니다**

8 운명의 상대를 **만나지 못했어요**.

基本形 만나다⇒ 語幹 **만나**+ 語尾 **지 못했어요**

アンスも含む。例>**아직 안 먹었어요**.
※6 **결혼식을 올리다**「結婚式を挙げる」
※8「相手に逢う」**상대에 만나다**(×)　**상대를 만나다**(○)

72 ~(으)십시오

~して下さい、お~下さい

072

1 さようなら。（直訳：安寧で**いらっしゃって下さい。**）

2 美味しく**召し上がって下さい。**

3 **お休みなさい。**

4 気を付けて**来て下さい。**

5 よい一日に**なりますように。**

6 ゆっくり**おくつろぎ下さい。**

7 少々**お待ち下さい。**

8 こちらの方に**来て下さい。**

補足メモ

※2 基 **먹다**「食べる」の尊敬語 基 **드시다**「召し上がる」
※3 **안녕히**「直訳：安寧に」基 **자다**「寝る」の尊敬語 → 基 **주무시다**

文法をおさえよう

~(으)십시오

⇒要請の内容が話し手に直接影響を及ぼさない場合使う。

例)여기가 대기실이에요.여기 앉으십시오.　ここが待合室です。ここ(に)お掛けになって下さい。

~아/어 주십시오

⇒要請の内容が話し手に直接接影響を及ぶ場合使う。

例)무대가 안 보여요. 앉아 주십시오.　舞台が見えません。お座りになって下さい。

1 안녕히 **계십시오**.

基本形 계시다⇒ 語幹 **계 (시)** + 語尾 **십시오**

2 맛있게 **드십시오**.

基本形 드시다⇒ 語幹 **드 (시)** + 語尾 **십시오**

3 안녕히 **주무십시오**.

基本形 주무시다⇒ 語幹 **주무 (시)** + 語尾 **십시오**

4 조심해서 **오십시오**.

基本形 오다⇒ 語幹 **오** + 語尾 **십시오**

5 좋은 하루 **되십시오**.

基本形 되다⇒ 語幹 **되** + 語尾 **십시오**

6 편히 **쉬십시오**.

基本形 쉬다⇒ 語幹 **쉬** + 語尾 **십시오**

7 잠시만 **기다리십시오**.

基本形 기다리다⇒ 語幹 **기다리** + 語尾 **십시오**

8 이 쪽으로 **오십시오**.

基本形 오다⇒ 語幹 **오** + 語尾 **십시오**

73 ~(으)세요

~して下さい、お~下さい

073

1 美味しく**召し上がって下さい。**

2 いかが**お過ごしですか**？

3 お体は**大丈夫ですか**？

4 たまに**連絡なさいますか**？

5 お休みなさい。

6 気をしっかり**持って下さい。**

7 あけましておめでとうございます。

（直訳：新年福をたくさん**受け取って下さい。**）

8 他の方々に宜しく**お伝え下さい。**

補足メモ

※6 **정신 차리다**「気をしっかり持つ」「意識を取り戻す」「まともになる」

※8 **다른 분**「他の方」、**다르다**「違う」と似ている表現で**틀리다**「間違う」があるのだが、**다르다**のニュアンスで**틀리다**を使う人もたまにいる。

文法をおさえよう

※本書72課も比較・参照

語幹の最後にパッチムなし + **세요**

語幹の最後にパッチムあり + **으세요**

例外＞ ㄹパッチム 語幹からパッチムㄹを脱落させ＋세요/세요? 例)살다→사세요

~(으)세요 ~(으)십시오	要請の内容が話し手に直接接影響を及ぼさない場合使う。 例)여기가 대기실이에요.여기 앉으세요. ここが待合室です。ここ(に)お掛けになって下さい。

1 맛있게 **드세요**.

基本形 드시다⇒ 語幹 **드 (시)** + 語尾 **세요**

2 어떻게 **지내세요**?

基本形 지내다⇒ 語幹 **지내** + 語尾 **세요?**

3 몸은 **괜찮으세요**?

基本形 괜찮다⇒ 語幹 **괜찮** + 語尾 **으세요?**

4 가끔씩 **연락하세요**?

基本形 연락하다⇒ 語幹 **연락하** + 語尾 **세요?**

5 안녕히 **주무세요**.

基本形 주무시다⇒ 語幹 **주무 (시)** + 語尾 **세요**

6 정신 **차리세요**.

基本形 차리다⇒ 語幹 **차리** + 語尾 **세요**

7 새해 복 많이 **받으세요**.

基本形 받다⇒ 語幹 **받** + 語尾 **으세요**

8 다른 분들께 안부 **전해 주세요**.

基本形 전해 주다⇒ 語幹 **전해 주** + 語尾 **세요**

例)「**이거하고 저거하고 달라요**?」「**이거하고 저거하고 틀려요**?」これとあれとは違いますか？

※8 **안부**「安否」、**전하다**「伝える」 **안부(를) 전하다**「宜しく伝える」

74 ~(으)십니다, (으)십니까?

~なさいます、~なさいますか？

074

1 いかが**お過ごしですか**？

2 お体は**大丈夫ですか**？

3 しばらく休んで**いらっしゃいます。**

4 今も**連絡なさいますか**？

5 出張はいつ**行かれるのですか**？

6 ご両親は**お元気ですか**？

7 先生は本を**執筆なさいますか**？

8 社長は何時に**お戻りになりますか**？

補足メモ

※5 **출장 [출짱]**
※8 **돌아오다**「帰って来る、帰る、戻る」
※6 7 8「~**님**」→直訳は「~様」で人の名前や名詞に付いて使われる。先生、社長などの後によく用いられるが、この「~**님**」を付けないと呼び捨てのように聞こえるので、注意！例）**부모님**「ご両親」

文法をおさえよう

語幹の最後にパッチムなし + **십니다,십니까?**

語幹の最後にパッチムあり + **으십니다,으십니까?**

※動詞や形容詞に-(으)시-がつくと尊敬を表す
※変則の場合は注意が必要！
例外＞ ㅂパッチム 例）아름답다→아름다우십니다/아름다우십니까?
例外＞ ㄹパッチム 語幹からパッチムㄹを脱落させ＋십니다/십니까?
例）알다→아십니다/아십니까?

1 어떻게 **지내십니까**?

基本形 지내다⇒ 語幹 **지내**+ 語尾 **십니까?**

2 몸은 **괜찮으십니까**?

基本形 괜찮다⇒ 語幹 **괜찮**+ 語尾 **으십니까?**

3 잠시 쉬고 **계십니다**.

基本形 계시다⇒ 語幹 **계 (시)**+ 語尾 **십니다**

4 지금도 **연락하십니까**?

基本形 연락하다⇒ 語幹 **연락하**+ 語尾 **십니까?**

5 출장은 언제 **가십니까**?

基本形 가다⇒ 語幹 **가**+ 語尾 **십니까?**

6 부모님은 **건강하십니까**?

基本形 건강하다⇒ 語幹 **건강하**+ 語尾 **십니까?**

7 선생님은 책을 **집필하십니까**?

基本形 집필하다⇒ 語幹 **집필하**+ 語尾 **십니까?**

8 사장님은 몇 시에 **돌아오십니까**?

基本形 돌아오다⇒ 語幹 **돌아오**+ 語尾 **십니까?**

어머님「お母様」**아버님**「お父様」**선생님**「先生」**사장님**「社長」**사모님**「奥様」**본부장님**「本部長」**실장님**「室長」など ※－(으)시－を使う文の主語には以下の助詞をおすすめする。「～が　～**께서**」、「～は　～**께서는**」、「～に　～**께**」、「～も　～**께서도**」

75 ~(으)셨다

~なさった、~(ら)れた

🔊 075

1 どこに**行かれましたか**？ 요体

2 美味しく**召し上がりましたか**？ 요体

3 ちょっと**外出なさいました**。 요体

4 ゆっくり**お休みになりましたか**？ 요体

5 どこに**お座りになりましたか**？ 요体

6 契約書は**お読みになりましたか**？ 니다体

7 その意見に**同意なさいましたか**？ 니다体

8 教授は昨夜遅く**お戻りになりました**。 니다体

補足メモ

※2 基 **드시다**「召し上がる」は 基 **먹다**「食べる」の尊敬語

※4「**안녕히 주무셨어요**？」は目上の人に対しての朝の挨拶なので、そのまま暗記するのをおすすめ！

文法をおさえよう

※尊敬を表わす-(으)시-の過去形

語幹の最後にパッチムなし + **셨다**

語幹の最後にパッチムあり + **으셨다**

※変則の場合は注意が必要！

例外＞ ㅂパッチム 例）아름답다→아름다우셨다

例外＞ ㄹパッチム 語幹からパッチムㄹを脱落させ＋셨다

例）살다→사셨다　例)알다→아셨다

1 어디 **가셨어요**?

基本形 가다⇒ 語幹 가+ 語尾 셨어요?

2 맛있게 **드셨어요**?

基本形 드시다⇒ 語幹 드 (시) + 語尾 셨어요?

3 잠시 **외출하셨어요**.

基本形 외출하다⇒ 語幹 외출하+ 語尾 셨어요

4 안녕히 **주무셨어요**?

基本形 주무시다⇒ 語幹 주무 (시) + 語尾 셨어요?

5 어디에 **앉으셨어요**?

基本形 앉다⇒ 語幹 앉+ 語尾 으셨어요?

6 계약서는 **읽으셨습니까?**

基本形 읽다⇒ 語幹 읽+ 語尾 으셨습니까?

7 그 의견에 **동의하셨습니까**?

基本形 동의하다⇒ 語幹 동의하+ 語尾 셨습니까?

8 교수님은 어젯밤 늦게 **돌아오셨습니다**.

基本形 돌아오다⇒ 語幹 돌아오+ 語尾 셨습니다

コラム 4

韓国ではストーカーのような人がいい男性？　韓ドラは本当？

愛の表現は国によってそれぞれ違うかもしれませんが、韓国では本当に愛しているのなら隠すのではなく、他の人がいても恥ずかしいと思わずに表現できることだと思っているところがあります。だから、鳥肌が立つような愛のセリフも多いかもしれません。

約 30 年前はそうでもなかったのですが、今の韓国の若者は**사랑해요**「愛しています」という表現を彼氏彼女だけでなく、ご両親や学校の先生にも言ったりします。韓国ドラマを見てもそうですが、韓国の地下鉄に乗ると、韓国のカップルはずっと見つめあったり、抱き合ったり、チューしたりしていました。

しかし、そうなるまでは基本、男性は女性に積極的にアピールしないといけません。

열 번 찍어 안 넘어가는 나무 없다.「直訳：十回切って倒れない木はない」という韓国のことわざがありますが、繰り返し行えば成せないことはないという意味を持っています。韓国の男性は、断れてもあきらめずに何回も積極的に近づいたり優しくしたりしたら結局は相手の心も木が倒れるように断る気持ちも折れて、好きな気持ちに変わる。という意味で受け取っていると思います。

確かに、韓国では日本でいうストーカーに近いくらいしつこく積極的にアピールした方が上手くいく場合が多いです。女性が告白を断ったとき、男性が「わかりました」とすぐに諦めたら、その男性は一日で愛の気持ちが収まるくらいの浅い愛だったことになりますし、すぐにあきらめるくらい軽い気持ちで女性に告白したと思われ、むしろイメージがよくない場合もあります。女性も軽い女だと思われたのではないかと思い、いい気分になりません。韓国の女性は告白されてからその男性に興味を持つ場合がありますし、草食系男性はもてないので好きな相手が見つかったら女性に積極的にアピールするのは自然なことかもしれません。韓国ドラマが好きな方はこのような文化を照らしながらみると理解しやすくなると思います。しかし、あまりにも嫌がる場合は本当のストーカーになるので注意しましょう。

日⇒韓

フレーズトレーニング

ここでは本文の75のセクションのセンテンス（文）中で使用している重要な表現を「日本語⇒韓国語」で配列してあります。音声を聴いて覚えましょう。このトレーニングをすることで本文の作文がしやすくなります。

【1】 076

□ ありましたか？	⇒ 있었어요？	1-1
□ ありませんでした。	⇒ 없었어요．	1-2
□ 大丈夫でした。	⇒ 괜찮았어요．	1-3
□ 感動しました。	⇒ 감동했어요．	1-4
□ もらいました。（直：受け取りました。）	⇒ 받았어요．	1-5
□ 食べました。	⇒ 먹었어요．	1-6
□ 愛していましたか？	⇒ 사랑했어요？	1-7
□ 約束しました。	⇒ 약속했어요．	1-8

【2】 077

□ 行きましたか？	⇒ 갔어요？	2-1
□ 眠りましたか？	⇒ 잤어요？	2-2
□ 来ました。	⇒ 왔어요．	2-3
□ 風邪をひきました。	⇒ 감기에 걸렸어요．	2-4
□ 勝ちました。	⇒ 이겼어요．	2-5
□ 見ました。	⇒ 봤어요．	2-6
□ 買いました。	⇒ 샀어요．	2-7

□ 眠かったです。	⇒ 졸렸어요 .	2-8

【3】 078

□ 知っていますか？ (直訳:知りますか？)	⇒ 알아요 ?	3-1
□ 難しいです。	⇒ 어려워요 .	3-2
□ 冷たかったです。	⇒ 차가웠어요 .	3-3
□ 近いですか？	⇒ 가까워요 ?	3-4
□ 作りましたか？	⇒ 만들었어요 ?	3-5
□ (会えて)嬉しかったです。	⇒ 반가웠어요 .	3-6
□ 作ります。	⇒ 만들어요 .	3-7
□ 美しかったですか？	⇒ 아름다웠어요 ?	3-8

【4】 079

□ よく分かりません。	⇒ 잘 몰라요 .	4-1
□ のどが渇いていますか？	⇒ 목이 말라요 ?	4-2
□ アーミーと呼びます。	⇒ 아미라고 불러요 .	4-3
□ 書きました。	⇒ 썼어요 .	4-4
□ 品質が悪いですか？	⇒ 품질이 나빠요 ?	4-5
□ 嬉しいですか？	⇒ 기뻐요 ?	4-6
□ 速かったです。	⇒ 빨랐어요 .	4-7

□ きれいでしたか？ ⇒ 예뻤어요 ?		4-8

【5】 080

□ ありませんでした。(いませんでした。)	⇒ 없었습니다 .	5-1
□ 食べました。	⇒ 먹었습니다 .	5-2
□ 小さかったです。	⇒ 작았습니다 .	5-3
□ 退屈でした。	⇒ 심심했습니다 .	5-4
□ ありました。(いました。)	⇒ 있었습니다 .	5-5
□ 掃除しました。	⇒ 청소했습니다 .	5-6
□ 拭きました。	⇒ 닦았습니다 .	5-7
□ もらいました。	⇒ 받았습니다 .	5-8

【6】 081

□ 叱りました。	⇒ 야단을 쳤습니다 .	6-1
□ 見ました。	⇒ 봤습니다 .	6-2
□ 調べてみましたか？	⇒ 알아봤습니까 ?	6-3
□ 怪我をしました。	⇒ 다쳤습니다 .	6-4
□ 止めました。	⇒ 세웠습니다 .	6-5
□ 学びましたか？	⇒ 배웠습니까 ?	6-6

□	話し合いました。	⇒ 대화를 나눴습니다 .	6-7
□	免許をとりました。	⇒ 면허를 땄습니다 .	6-8

【7】 🔊 082

□	背が高かったです。	⇒ 키가 컸습니다 .	7-1
□	お腹が空きます。	⇒ 배가 고픕니다 .	7-2
□	痛いですか？	⇒ 아픕니까 ?	7-3
□	速いですか？	⇒ 빠릅니까 ?	7-4
□	分かりません。	⇒ 모릅니다 .	7-5
□	押しませんでした。	⇒ 안 눌렀습니다 .	7-6
□	のどが渇きました。	⇒ 목이 말랐습니다 .	7-7
□	呼びましたか？	⇒ 불렀습니까 ?	7-8

【8】 🔊 083

□	知っていますか？	⇒ 압니까 ?	8-1
□	難しいです。	⇒ 어렵습니다 .	8-2
□	冷たいです。	⇒ 차갑습니다 .	8-3
□	近いですか？	⇒ 가깝습니까 ?	8-4
□	作りましたか？	⇒ 만들었습니까 ?	8-5

□ (会えて)嬉しかったです。	⇒	반가웠습니다 .	8-6
□ 遠いですか？	⇒	멉니까 ?	8-7
□ 美しかったですか？	⇒	아름다웠습니까 ?	8-8

【9】 084

□ 暗くなりましたか？	⇒	어두워졌어요 ?	9-1
□ 多くなりました。	⇒	많아졌습니다 .	9-2
□ 気分がよくなります。	⇒	기분이 좋아져요 .	9-3
□ きれいになりました。	⇒	예뻐졌어요 .	9-4
□ 軽くなります。	⇒	가벼워집니다 .	9-5
□ 作られましたか？	⇒	만들어졌습니까 ?	9-6
□ 叶いました。	⇒	이루어졌습니다 .	9-7
□ 消えますか？	⇒	지워집니까 ?	9-8

【10】 085

□ 会うようになりましたか？	⇒	만나게 됐어요 ?	10-1
□ 会うようになりました。	⇒	만나게 됐습니다 .	10-2
□ 申し訳ないことになりました。	⇒	죄송하게 됐습니다 .	10-3
□ 上手になりました。	⇒	잘하게 되었습니다 .	10-4

□	就職することになりました。	⇒ 취직하게 되었습니다 .	10-5
□	見るようになりました。	⇒ 보게 됐어요 .	10-6
□	まともになりました。	⇒ 정신을 차리게 되었습니다 .	10-7
□	会うようになりました。	⇒ 만나게 되었습니다 .	10-8

【11】 086

□	やりやすいですか？	⇒ 하기 쉬워요 ?	11-1
□	作りやすかったですか？	⇒ 만들기 쉬웠습니까 ?	11-2
□	育てやすいですか？	⇒ 키우기 쉬워요 ?	11-3
□	学びやすいです。	⇒ 배우기 쉬워요 .	11-4
□	風邪にかかりやすいです。	⇒ 감기에 걸리기 쉬워요 .	11-5
□	飲みやすかったです。	⇒ 마시기 쉬웠습니다 .	11-6
□	陥りやすいです。	⇒ 빠지기 쉽습니다 .	11-7
□	失敗しやすいです。	⇒ 실패하기 쉽습니다 .	11-8

【12】 087

□	やせるのは難しかったですか？	⇒ 살을 빼기는 어려웠습니까 ?	12-1
□	キムチを漬けるのは難しいです。	⇒ 김치를 담그기는 어려워요 .	12-2

□	弾きにくいですか？	⇒ 치기 어려워요 ?	12-3
□	なるのは難しいですか？	⇒ 되기는 어렵습니까 ?	12-4
□	執筆するのは難しいです。	⇒ 집필하기는 어렵습니다 .	12-5
□	探しにくいですか？	⇒ 찾기 어려워요 ?	12-6
□	合格するのは難しいと言いました。	⇒ 합격하기 어렵다고 했어요 .	12-7
□	合格するのは難しかったです。	⇒ 합격하기는 어려웠습니다 .	12-8

【13】 088

□	寒くなり始めました。	⇒ 추워지기 시작했어요 .	13-1
□	暑くなり始めました。	⇒ 더워지기 시작했습니다 .	13-2
□	咳が出始めました。	⇒ 기침이 나기 시작했어요 .	13-3
□	好きになり始めました。	⇒ 좋아지기 시작했습니다 .	13-4
□	夕立ちが降り始めました。	⇒ 소나기가 내리기 시작했습니다 .	13-5
□	見始めました。	⇒ 보기 시작했어요 .	13-6
□	集まり始めました。	⇒ 모이기 시작했습니다 .	13-7
□	勉強し始めましたか？	⇒ 공부하기 시작했습니까 ?	13-8

【14】 089

□	うまくいきますように(願います)。	⇒ 잘 되길 바래요 .	14-1
□	送ってくださるようお願いします。	⇒ 보내 주시기 바랍니다 .	14-2
□	連絡してくださるようお願い致します。	⇒ 연락해 주시기 바랍니다 .	14-3
□	訪問してくださるようお願いします。	⇒ 방문해 주시기 바랍니다 .	14-4
□	参考にしてくださるようお願い致します。	⇒ 참고해 주시기 바랍니다 .	14-5
□	全快するよう祈ります。	⇒ 완쾌 되시길 바래요 .	14-6
□	お問い合わせくださるようお願いします。	⇒ 문의해 주시기 바랍니다 .	14-7
□	ご利用くださるようお願いします。	⇒ 이용해 주시기 바랍니다 .	14-8

【15】 090

□	乗ることにしました	⇒ 타기로 했습니다 .	15-1
□	食べることにしました	⇒ 먹기로 했습니다 .	15-2
□	会うことにしました。	⇒ 만나기로 했어요 .	15-3
□	行かないことにしました。	⇒ 안 가기로 했어요 .	15-4
□	遊びに行くことにしましょう。	⇒ 놀러가기로 해요 .	15-5

☐ 着ることにしました。 ⇒ 입기로 했어요 . 15-6

☐ 受け取ることにしました。⇒ 받아주기로 했어요 . 15-7

☐ 集まることにしました。 ⇒ 모이기로 했습니다 . 15-8

【16】 091

☐ 可哀想じゃないですか。⇒ 불쌍하잖아요 . 16-1

☐ 大黒柱でしょう。 ⇒ 가장이잖아요 . 16-2

☐ 末っ子じゃないですか。⇒ 막내잖아요 . 16-3

☐ 友達でしょう。 ⇒ 친구잖아 . 16-4

☐ メガネをかけているじゃないか！ ⇒ 안경을 쓰고 있잖아 . 16-5

☐ 酔っ払ったからでしょう。⇒ 취했잖아요 . 16-6

☐ 言ったでしょ？ ⇒ 말했잖아요 . 16-7

☐ 心配したじゃない。 ⇒ 걱정했잖아 . 16-8

【17】 092

☐ 友達が来るんだ。 ⇒ 친구가 오거든 . 17-1

☐ 約束があるんだ。 ⇒ 약속이 있거든 . 17-2

☐ 時間がないんです。 ⇒ 시간이 없거든요 . 17-3

☐ 忙しいんです。 ⇒ 바쁘거든요 . 17-4

□	用事がありまして。	⇒ 일이 생겼거든요 .	17-5
□	仕事が残っているんですけどね。	⇒ 일이 남아있거든요 .	17-6
□	できないんですけどね。	⇒ 못하거든요 .	17-7
□	誕生日なんです。	⇒ 생일이거든요 .	17-8

【18】 093

□	可愛かったんだよ。	⇒ 예뻤었거든 .	18-1
□	歳をとったからね。	⇒ 나이를 먹었거든 .	18-2
□	登っていたからですよ。	⇒ 올랐었거든요 .	18-3
□	たくさんもらいましたからね。	⇒ 많이 받았거든요 .	18-4
□	軍人でしたからね。	⇒ 군인이었거든요 .	18-5
□	目の輝きが鋭かったですからね。	⇒ 눈빛이 날카로웠었거든요 .	18-6
□	メダルをとったんです。	⇒ 메달을 땄거든요 .	18-7
□	留学(に)行ったんです。	⇒ 유학갔거든요 .	18-8

【19】 094

□	だめだって！	⇒ 안 된다구 !	19-1
□	離婚するんですって？	⇒ 이혼한다구요 ?	19-2
□	出発するんですって？	⇒ 출발한다구요 ?	19-3

□	寝ているんですって？	⇒ 자고 있다구요 ?	19-4
□	留学(に)行くんですって？	⇒ 유학간다고요 ?	19-5
□	交換ができないんですって？	⇒ 교환이 안된다고요 ?	19-6
□	昇進するんですって？	⇒ 승진한다고요 ?	19-7
□	お腹を壊したんですって？	⇒ 배탈이 났다구요 ?	19-8

【20】 🔊 095

□	会うことはできるのでしょうか？	⇒ 만날 수 있나요 ?	20-1
□	ないでしょうか？	⇒ 없나요 ?	20-2
□	(値段が)高いでしょうか？	⇒ 비싸나요 ?	20-3
□	おいくつでしょうか？ (直:歳がどうなりますでしょうか？)	⇒ 나이가 어떻게 되나요 ?	20-4
□	あるでしょうか？	⇒ 있나요 ?	20-5
□	深刻でしょうか？	⇒ 심각한가요 ?	20-6
□	おかしいでしょうか？	⇒ 이상한가요 ?	20-7
□	話すことができるのでしょうか？	⇒ 이야기할 수 있나요 ?	20-8

【21】 🔊 096

□	休んでください。	⇒ 쉬시지요 .	21-1

□ 座って下さい。	⇒ 앉으시지요 .	21-2
□ 行きましょうか。	⇒ 가시지요 .	21-3
□ かけてみて下さい。	⇒ 써 보시지요 .	21-4
□ 召し上がって下さい。	⇒ 드시지요 .	21-5
□ 連絡してみて下さい。	⇒ 연락해 보시지요 .	21-6
□ 聞いてみて下さい。	⇒ 물어보시지요 .	21-7
□ 連絡して下さい。	⇒ 연락하시지요 .	21-8

【22】 097

□ 忙しいそうです。	⇒ 바쁘다고 합니다 .	22-1
□ 会いたいそうです。	⇒ 만나고 싶다고 합니다 .	22-2
□ やることがあるそうです。	⇒ 할 일이 있다고 합니다 .	22-3
□ 雰囲気がよくないそうです。	⇒ 분위기가 안 좋다고 해요 .	22-4
□ 暇だそうです。	⇒ 한가하다고 해요 .	22-5
□ 多いそうです。	⇒ 많다고 해요 .	22-6
□ 予約できるそうです。	⇒ 예약할 수 있다고 합니다 .	22-7
□ ないそうです。	⇒ 없다고 합니다 .	22-8

【23】 098

☐ 知っているそうです。 ⇒ 안다고 합니다 . 23-1

☐ 行くそうです。 ⇒ 간다고 합니다 . 23-2

☐ 後悔しないそうです。 ⇒ 후회하지 않는다고 합니다 . 23-3

☐ 雨が降るそうです。 ⇒ 비가 온다고 해요 . 23-4

☐ 洗うそうです。 ⇒ 씻는다고 합니다 . 23-5

☐ 売っているそうです。 ⇒ 판다고 합니다 . 23-6

☐ 知らないそうです。 ⇒ 모른다고 합니다 . 23-7

☐ 忘れられないそうです。 ⇒ 잊지 못한다고 해요 . 23-8

【24】 099

☐ 忙しくないそうです。 ⇒ 바쁘지 않다고 합니다 . 24-1

☐ 謙遜ではないそうです。 ⇒ 겸손하지 않다고 합니다 . 24-2

☐ 背が高くないそうです。 ⇒ 키가 크지 않다고 합니다 . 24-3

☐ 部屋がきれいではないそうです。 ⇒ 방이 깨끗하지 않다고 합니다 . 24-4

☐ お利口ではないそうです。 ⇒ 착하지 않다고 합니다 . 24-5

☐ そんなに広くないそうです。 ⇒ 그렇게 넓지 않다고 합니다 . 24-6

□ 歳をそんなにとってないそうです。	⇒	나이가 그렇게 많지 않다고 합니다 .	24-7
□ 顔はきれいではないそうです。	⇒	얼굴이 예쁘지 않다고 합니다 .	24-8

【25】 100

□ 眠くて死にそうです。	⇒	졸려 죽겠어요 .	25-1
□ お腹がすいて死にそうです。	⇒	배고파 죽겠어요 .	25-2
□ しんどくて死にそうです。	⇒	힘들어 죽겠어요 .	25-3
□ 会いたくて死にそうです。	⇒	보고 싶어 죽겠어요 .	25-4
□ 子供が好きでたまらないです。	⇒	아이가 좋아 죽겠어요 .	25-5
□ 働くのが嫌で死にそうです。	⇒	일하기 싫어 죽겠습니다 .	25-6
□ 嫁のことで変になりそうです。	⇒	아내 때문에 미치겠습니다 .	25-7
□ 旦那のせいで変になりそうです。	⇒	남편 때문에 미치겠습니다 .	25-8

【26】 101

□ 放っておいて	⇒	놔 둬	26-1
□ そこに置いておいて。	⇒	거기 놔 둬 .	26-2
□ やっておくね。	⇒	해 놓을게 .	26-3

☐ 置いておきましょうか？⇒ 놔 둘까요 ?　26-4

☐ 準備しておいてください。⇒ 준비해 놓으세요 .　26-5

☐ 連絡しておきましたか？⇒ 연락해 놓았습니까 ?　26-6

☐ 食べておいて。⇒ 먹어 둬 .　26-7

☐ 予約しておきましたか？⇒ 예약해 놓았습니까 ?　26-8

【27】 102

☐ 何の心配もないはずですけどね。⇒ 아무 걱정이 없을텐데요 .　27-1

☐ 暑いでしょうに。⇒ 더울텐데요 .　27-2

☐ 元気になるはずです。⇒ 기운이 날텐데요 .　27-3

☐ 死んでも思い残すことがないのに。(直:遺恨(餘恨)がないはずなのに。) ⇒ 죽어도 여한이 없을텐데 .　27-4

☐ 借りるのは難しいでしょうに。⇒ 빌리기는 힘들텐데요 .　27-5

☐ 人気があるはずなのに。⇒ 인기가 있을텐데 .　27-6

☐ 稼いできたらいいですけどね。⇒ 벌어 오면 좋을텐데요 .　27-7

☐ 害になるでしょうに。⇒ 해로울텐데요 .　27-8

【28】 103

☐ たくさんあればうれしいのですが。⇒ 많았으면 좋겠어요 .　28-1

□ 変えてほしいですか？	⇒	바꿨으면 좋겠어요 ?	28-2
□ 合格できたらいいです。	⇒	합격했으면 좋겠어요 .	28-3
□ 来たらいいですね。	⇒	왔으면 좋겠어요 .	28-4
□ 歳をとらなかったらいいですね。	⇒	나이를 안 먹었으면 좋겠습니다 .	28-5
□ 無くなったらいいですね。	⇒	없어졌으면 좋겠습니다 .	28-6
□ いたらいいのですが。	⇒	있었으면 좋겠습니다 .	28-7
□ 雨が降らないでほしいですか？	⇒	비가 안 왔으면 좋겠습니까 ?	28-8

【29】 104

□ やめてって言ってるでしょ！	⇒	그만하란 말이야 !	29-1
□ 事実ということですか？	⇒	사실이란 말이에요 ?	29-2
□ どうしろというのですか？	⇒	어떡하란 말입니까 ?	29-3
□ 幼稚ということですか？	⇒	유치하단 말입니까 ?	29-4
□ 生きろということですか？	⇒	살란 말이에요 ?	29-5
□ 子供っぽいということですか？	⇒	애기 같단 말입니까 ?	29-6
□ 会わないでって言ってるでしょ！	⇒	만나지 말란 말이야 !	29-7

□	独身ということですか？	⇒ 독신이란 말이에요 ?	29-8

【30】 105

□	ちょっと怒られるべきだ。	⇒ 혼 좀 나야겠다 .	30-1
□	保険に入るべきだと思います。	⇒ 보험에 들어야겠어요 .	30-2
□	努力しなければならないと思っています。	⇒ 노력해야겠습니다 .	30-3
□	生きなければならないと思います。	⇒ 살아야겠어요 .	30-4
□	寝なきゃ。	⇒ 자야겠다 .	30-5
□	そうしなければならないですか？	⇒ 그렇게 해야겠어요 ?	30-6
□	作らなければと思います。	⇒ 만들어야겠어요 .	30-7
□	行かなければならないと思う。	⇒ 가봐야겠다 .	30-8

【31】 106

□	食べてみて。	⇒ 먹어 봐 .	31-1
□	着てみて。	⇒ 입어 봐 .	31-2
□	努力してみて。	⇒ 노력해 봐 .	31-3
□	やってみて。	⇒ 해 봐 .	31-4

☐ 付き合ってみて。 ⇒ 사귀어 봐 . 31-5

☐ 食べてみました。 ⇒ 먹어 봤습니다 . 31-6

☐ 作ってみましたか？ ⇒ 만들어 봤어요 ? 31-7

☐ 尋ねてきました。 ⇒ 물어봤습니다 . 31-8

【32】 107

☐ 聴いて ⇒ 듣고 32-1

☐ 帽子をかぶって ⇒ 모자를 쓰고 32-2

☐ 食べて ⇒ 먹고 32-3

☐ 会議をして ⇒ 회의를 하고 32-4

☐ シャワーをあびて(して) ⇒ 샤워를 하고 32-5

☐ その話を聞いて ⇒ 그 이야기를 듣고 32-6

☐ 行って ⇒ 가고 32-7

☐ 飲んで ⇒ 마시고 32-8

【33】 108

☐ 遅くなって ⇒ 늦어서 33-1

☐ 気になって ⇒ 궁금해서 33-2

☐ 電話をして下さって ⇒ 전화 주셔서 33-3

☐ お腹がすいて ⇒ 배가 고파서 33-4

□	訪ねて	⇒ 찾아가서	33-5
□	起きて	⇒ 일어나서	33-6
□	勉強をしたので	⇒ 공부를 해서	33-7
□	聞きたくて	⇒ 듣고 싶어서	33-8

【34】 109

□	お腹がいっぱいだから	⇒ 배부르니까	34-1
□	時間がないので	⇒ 시간이 없으니까	34-2
□	疲れたから	⇒ 피곤하니까	34-3
□	食べるから	⇒ 먹으니까	34-4
□	愛しているから	⇒ 사랑하니까	34-5
□	黙って見てりゃ	⇒ 보자 보자 하니까	34-6
□	移動するので	⇒ 이동하니까	34-7
□	運行するから	⇒ 운행하니까	34-8

【35】 110

□	運動しているので	⇒ 운동하기 때문에	35-1
□	インターネットができるので	⇒ 인터넷이 되기 때문에	35-2
□	頭が賢いので	⇒ 머리가 똑똑하기 때문에	35-3

□ 発生したので	⇒ 발생했기 때문에	35-4
□ 好きなので	⇒ 좋아하기 때문에	35-5
□ 正確なので	⇒ 정확하기 때문에	35-6
□ 多いので	⇒ 많기 때문에	35-7
□ 愛していたので	⇒ 사랑했기 때문에	35-8

【36】 111

□ うるさくしたら	⇒ 시끄럽게 하면	36-1
□ 頭が痛かったら	⇒ 머리가 아프면	36-2
□ 怒ったら	⇒ 화를 내면	36-3
□ 寝ると	⇒ 자면	36-4
□ 信じたら	⇒ 믿으면	36-5
□ 君さえよかったら	⇒ 너만 괜찮으면	36-6
□ 電話をしたら	⇒ 전화하면	36-7
□ 来年になれば	⇒ 내년이 되면	36-8

【37】 112

□ 見つめながら	⇒ 바라보면서	37-1
□ 食べながら	⇒ 먹으면서	37-2

□	踊りながら	⇒ 춤을 추면서	37-3
□	見ながら	⇒ 보면서	37-4
□	食事しながら	⇒ 식사하면서	37-5
□	呼びながら	⇒ 부르면서	37-6
□	通いながら	⇒ 다니면서	37-7
□	聞きながら	⇒ 들으면서	37-8

【38】 113

□	食べようと(思っている)	⇒ 먹으려고	38-1
□	食べようと思って	⇒ 먹으려고	38-2
□	送ろうと思って	⇒ 부치려고(小包を送る時の表現)	38-3
□	運動をしようと思って	⇒ 운동을 하려고	38-4
□	作ろうと思って	⇒ 만들려고	38-5
□	見に行こうと思って	⇒ 보러 가려고	38-6
□	韓国語能力試験を受けようと思って	⇒ 한국어능력시험을 보려고	38-7
□	予約しようと思って	⇒ 예약하려고	38-8

【39】 114

□	結婚するには	⇒ 결혼하려면	39-1

□	行くには	⇒ 가려면	39-2
□	作るには	⇒ 만들려면	39-3
□	共同経営(直訳:同業)をするには	⇒ 동업을 하려면	39-4
□	買うには	⇒ 사려면	39-5
□	ゴルフをするには	⇒ 골프를 치려면	39-6
□	知恵を得るためには	⇒ 지혜를 얻으려면	39-7
□	付き合うためには	⇒ 사귀려면	39-8

【40】 115

□	地下鉄で	⇒ 지하철로	40-1
□	独学で	⇒ 독학으로	40-2
□	クレジットカードで	⇒ 신용카드로	40-3
□	携帯電話で	⇒ 휴대폰으로	40-4
□	箸で	⇒ 젓가락으로	40-5
□	韓国語で	⇒ 한국말로	40-6
□	スプーンで	⇒ 숟가락으로	40-7
□	一括払いに	⇒ 일시불로	40-8

【41】 116

□ 執着すればするほど	⇒ 집착하면 할수록	41-1
□ 食べれば食べるほど	⇒ 먹으면 먹을수록	41-2
□ 会えば会うほど	⇒ 만나면 만날수록	41-3
□ 歳をとるほど	⇒ 나이가 들수록	41-4
□ 時間が経つほど	⇒ 시간이 지날수록	41-5
□ 雨がたくさん降るほど	⇒ 비가 많이 올수록	41-6
□ 山の中に入るほど	⇒ 산 속으로 들어갈수록	41-7
□ いい化粧品を使うほど	⇒ 좋은 화장품을 쓸수록	41-8

【42】 117

□ 具合が悪いのですが	⇒ 아프지만	42-1
□ 愛しているのですが	⇒ 사랑하지만	42-2
□ 学生ですが	⇒ 학생이지만	42-3
□ 面接を受けましたが	⇒ 면접을 봤지만	42-4
□ 愛していないのですが	⇒ 사랑하지 않지만	42-5
□ 会いましたが	⇒ 만났지만	42-6
□ 汚いのですが	⇒ 더럽지만	42-7
□ 勉強しますが	⇒ 공부하지만	42-8

【43】 118

□	食べないと生き残ることができない。	⇒ 먹어야 살 수 있어 .	43-1
□	お金を貯めてこそ	⇒ 돈을 모아야	43-2
□	寝るからこそ	⇒ 자야	43-3
□	運動をするからこそ	⇒ 운동을 해야	43-4
□	ストレスがないからこそ	⇒ 스트레스가 없어야	43-5
□	塗るからこそ	⇒ 발라야	43-6
□	学んではじめて	⇒ 배워야	43-7
□	ゴム手袋がないと(あるからこそ)	⇒ 고무장갑이 있어야	43-8

【44】 119

□	背が伸びていましたが (直:背が伸びている途中で)	⇒ 키가 크다가	44-1
□	待っていましたが (直:待っている途中で)	⇒ 기다리다가	44-2
□	勉強している途中	⇒ 공부를 하다가	44-3
□	見ている途中で	⇒ 보다가	44-4
□	食べている途中で	⇒ 먹다가	44-5
□	家へ行く途中で	⇒ 집에 가다가	44-6

□	右に行って	⇒ 오른쪽으로 가다가	44-7
□	乗って行って (直:乗って行く途中で)	⇒ 타고 가다가	44-8

【45】 🔊120

□	景品があるんだったら	⇒ 경품이 있다면	45-1
□	私のそばにいなかったら	⇒ 내 곁에 없다면	45-2
□	優しかったら(直:親切だったら)	⇒ 친절했다면	45-3
□	私を愛していたなら	⇒ 나를 사랑했다면	45-4
□	成績がよかったら	⇒ 성적이 좋았다면	45-5
□	時間があったら	⇒ 시간이 있다면	45-6
□	早いなら	⇒ 빠르다면	45-7
□	便利だったら	⇒ 편리하다면	45-8

【46】 🔊121

□	外出した途端	⇒ 외출하자마자	46-1
□	会ってからすぐ	⇒ 만나자마자	46-2
□	付き合ってすぐ	⇒ 사귀자마자	46-3
□	別れてからすぐに	⇒ 헤어지자마자	46-4
□	飲んだ途端	⇒ 마시자마자	46-5

- [ ] 見た途端 ⇒ 보자마자 46-6
- [ ] 到着するやいなや ⇒ 도착하자마자 46-7
- [ ] 買ってからすぐに ⇒ 사자마자 46-8

【47】 122

- [ ] コーヒーでも ⇒ 커피나 47-1
- [ ] 宿題でも ⇒ 숙제나 47-2
- [ ] 昼寝でも ⇒ 낮잠이나 47-3
- [ ] チムジルバンでも ⇒ 찜질방이나 47-4
- [ ] ドライブでも ⇒ 드라이브나 47-5
- [ ] 映画でも ⇒ 영화나 47-6
- [ ] ご飯でも ⇒ 밥이나 47-7
- [ ] ジャジャン麺でも ⇒ 짜장면이나 47-8

【48】 123

- [ ] いい車 ⇒ 좋은 차 48-1
- [ ] 可愛い女の子 ⇒ 예쁜 여자 48-2
- [ ] (値段が)高い指輪 ⇒ 비싼 반지 48-3
- [ ] 忙しい生活 ⇒ 바쁜 생활 48-4

☐ 背が高い人	⇒ 키가 큰 사람	48-5
☐ かっこいいコンユさん	⇒ 멋진 공유씨	48-6
☐ 大学生であるボゴム	⇒ 대학생인 보검이	48-7
☐ 心が広い人	⇒ 마음이 넓은 사람	48-8

【49】 124

☐ 忙しいのか	⇒ 바쁜지	49-1
☐ 疲れているのか	⇒ 피곤한지	49-2
☐ 背が低いのか	⇒ 키가 작은지	49-3
☐ 可愛いのか	⇒ 예쁜지	49-4
☐ 情けないのか	⇒ 한심한지	49-5
☐ 難しいのか	⇒ 어려운지	49-6
☐ 人気が高いのか	⇒ 인기가 많은지	49-7
☐ 純真なのか	⇒ 순진한지	49-8

【50】 125

☐ モデルなのに	⇒ 모델인데	50-1
☐ 寒いのに	⇒ 추운데	50-2
☐ 寒いのに	⇒ 추운데	50-3
☐ 広いけど	⇒ 넓은데	50-4

□ 天気もいいので ⇒ 날씨도 좋은데 50-5

□ 性格はいいけど ⇒ 성격은 좋은데 50-6

□ 大きいので ⇒ 큰데 50-7

□ 主婦なのに ⇒ 주부인데 50-8

【51】 126

□ 何でしょうか? ⇒ 뭔데요 ? 51-1

□ いいですね。 ⇒ 좋은데요 51-2

□ くっきりしていますね。 ⇒ 뚜렷한데요 . 51-3

□ 忙しいんだけど。 ⇒ 바쁜데 . 51-4

□ 困るんですが。 ⇒ 곤란한데요 . 51-5

□ 軽いですね。 ⇒ 가벼운데요 . 51-6

□ 偽物のようですね。 ⇒ 가짜 같은데요 . 51-7

□ 多いですね。 ⇒ 많은데요 . 51-8

【52】 127

□ 知り合い ⇒ 아는 사람 52-1

□ 安く売っているお店 ⇒ 싸게 파는 가게 52-2

□ 長いストレートヘア ⇒ 긴 생머리 52-3

□ 怖い人達 ⇒ 무서운 사람들 52-4

□	楽なこと(簡単なこと)	⇒ 쉬운 일	52-5
□	つらいこと	⇒ 힘든 일	52-6
□	とった魚	⇒ 잡은 생선	52-7
□	辛くない料理	⇒ 안 매운 요리	52-8

【53】 128

□	嬉しい知らせ	⇒ 기쁜 소식	53-1
□	知らない人	⇒ 모르는 사람	53-2
□	なついている後輩	⇒ 따르는 후배	53-3
□	悪い男	⇒ 나쁜 남자	53-4
□	歌を上手に歌う歌手	⇒ 노래를 잘 부르는 가수	53-5
□	帽子をかぶった人	⇒ 모자를 쓴 사람	53-6
□	大変なこと	⇒ 큰일	53-7
□	他のサイズ	⇒ 다른 사이즈	53-8

【54】 129

□	付き合っている人	⇒ 사귀는 사람	54-1
□	待っている間	⇒ 기다리는 동안	54-2
□	かっこいい男の人	⇒ 멋있는 남자	54-3
□	好きな趣味	⇒ 좋아하는 취미	54-4

☐	愛している人	⇒ 사랑하는 사람	54-5
☐	美味しい料理	⇒ 맛있는 요리	54-6
☐	住んでいる家	⇒ 사는 집	54-7
☐	休み時間	⇒ 쉬는 시간	54-8

【55】 130

☐	どこに行くのか	⇒ 어디에 가는지	55-1
☐	誰を好きなのか	⇒ 누구를 좋아하는지	55-2
☐	どの会社で働いているのか	⇒ 어느 회사에서 일하는지	55-3
☐	どの化粧品を使っているのか	⇒ 무슨 화장품을 쓰는지	55-4
☐	薬は飲んでいるのか	⇒ 약은 먹고 있는지	55-5
☐	彼氏がいるのかいないのか	⇒ 남자친구가 있는지 없는지	55-6
☐	いつ産まれるのか	⇒ 언제 태어나는지	55-7
☐	その人を愛しているのか	⇒ 그 사람을 사랑하고 있는지	55-8

【56】 131

☐	行ったのですが	⇒ 갔는데	56-1

□ 終わるのですが	⇒ 끝나는데	56-2
□ 平気なのですが	⇒ 상관없는데	56-3
□ 見たのですが	⇒ 봤는데	56-4
□ 合っているはずなのに。	⇒ 맞는데 .	56-5
□ 間違いないのに。	⇒ 틀림없는데 .	56-6
□ 関心がなかったのですが	⇒ 관심이 없었는데	56-7
□ 隣にいるのに	⇒ 옆에 있는데	56-8

【57】 132

□ 食べている間	⇒ 먹는 동안	57-1
□ 働いている間	⇒ 일하는 동안	57-2
□ シャワーを浴びてる間 (直:シャワーしている間)	⇒ 샤워하는 동안	57-3
□ 出張に行く間	⇒ 출장가는 동안	57-4
□ 待っている間	⇒ 기다리는 동안	57-5
□ 雨が降っている間	⇒ 비가 오는 동안	57-6
□ 韓国にいる間	⇒ 한국에 있는 동안	57-7
□ 音楽を聴いている間	⇒ 음악을 듣는 동안	57-8

【58】 133

□	仕事を終えたらすぐ	⇒ 일을 끝내는대로	58-1
□	朝(に)起きたらすぐ	⇒ 아침에 일어나는대로	58-2
□	計画どおり	⇒ 계획대로	58-3
□	何でいつも自分勝手なの?	⇒ 왜 항상 니 마음대로니 ?	58-4
□	いつもそのままです。	⇒ 항상 그대로입니다 .	58-5
□	ありのままのあなた (直:あなたの姿、今のそのまま)	⇒ 당신모습 지금 그대로	58-6
□	メールを受け取ったらすぐ	⇒ 메일을 받는대로	58-7
□	準備できたらすぐに	⇒ 준비되는대로	58-8

【59】 134

□	連絡するんですって。	⇒ 연락한대요 .	59-1
□	約束するんですって。	⇒ 약속한대요 .	59-2
□	電話するんですって。	⇒ 전화한대요 .	59-3
□	タバコをやめるんですって。	⇒ 담배를 끊는대요 .	59-4
□	勉強するんですって。	⇒ 공부한대요 .	59-5
□	食べるんですって。	⇒ 먹는대요 .	59-6

□	出発するんですって。	⇒ 출발한대요 .	59-7
□	遅く起きるんですって。	⇒ 늦게 일어난대요 .	59-8

【60】 135

□	まじめだそうです。	⇒ 성실하대요 .	60-1
□	恋人がいないんですって?	⇒ 애인이 없대요 ?	60-2
□	付き合っている人がいるそうです。	⇒ 사귀는 사람이 있대요 .	60-3
□	若いそうです。	⇒ 어리대요 .	60-4
□	きれいだったそうです。	⇒ 예뻤대요 .	60-5
□	大変だったそうです。	⇒ 힘들었대요 .	60-6
□	人気が高かったそうです。	⇒ 인기가 많았대요 .	60-7
□	信じなかったそうです。	⇒ 믿지 않았대요 .	60-8

【61】 136

□	可愛いと思いますか?	⇒ 예쁜 것 같습니까 ?	61-1
□	寝ているようです。	⇒ 자는 것 같아요 .	61-2
□	通話中のようです。(直:通話中であるようです。)	⇒ 통화중인 것 같습니다 .	61-3
□	付き合っているようですか?	⇒ 사귀는 것 같아요 ?	61-4

□ 電話を受けているようです。	⇒	전화를 받고 있는 것 같아요 .	61-5
□ ここではないようです。	⇒	여기가 아닌 것 같습니다 .	61-6
□ 作っているようです。	⇒	만들고 있는 것 같습니다 .	61-7
□ 景色が美しいようです。	⇒	경치가 아름다운 것 같습니다 .	61-8

【62】 137

□ いいですね。	⇒	좋군요 .	62-1
□ そうですね。	⇒	그렇군요 .	62-2
□ 雨が降りますね。	⇒	비가 오는군요 .	62-3
□ 暑いですね。	⇒	덥군요 .	62-4
□ 静かですね。	⇒	조용하군요 .	62-5
□ かわいいですね。	⇒	예쁘군요 .	62-6
□ お上手ですね。	⇒	잘하시는군요 .	62-7
□ 集まるのですね。	⇒	모이는군요 .	62-8

【63】 138

□ 背が高いね。	⇒	키가 크구나 .	63-1
□ 長いね。	⇒	길구나 .	63-2

□	いいね。	⇒ 좋구나 .	63-3
□	食べるのね。	⇒ 먹는구나 .	63-4
□	誕生日なのね。	⇒ 생일이로구나 .	63-5
□	梅雨が始まるね。	⇒ 장마가 시작되는구나 .	63-6
□	顔が小さいね。	⇒ 얼굴이 작구나 .	63-7
□	お嫁に行くのね。	⇒ 시집을 가는구나 .	63-8

【64】 139

□	寝てる最中に	⇒ 자는 도중에	64-1
□	聞いている(直:聞く)途中で	⇒ 듣는 도중에	64-2
□	家に行く途中で	⇒ 집에 가는 길에	64-3
□	故郷に行く途中で	⇒ 고향에 가는 길에	64-4
□	試合を見ている(直:見る)途中で	⇒ 시합을 보는 도중에	64-5
□	ドラマを見ている(直:見る)途中で	⇒ 드라마를 보는 도중에	64-6
□	出勤する途中で	⇒ 출근하는 길에	64-7
□	予約録画している(直:する)途中で	⇒ 예약녹화하는 도중에	64-8

【65】 140

□	知っている限り	⇒ 알고 있는 한	65-1
□	別れない限り	⇒ 헤어지지 않는 한	65-2
□	生きている限り	⇒ 살아 있는 한	65-3
□	特別なことがない限り	⇒ 특별한 일이 없는 한	65-4
□	努力しない限り	⇒ 노력하지 않는 한	65-5
□	深刻に悩まない限り	⇒ 심각하게 고민하지 않는 한	65-6
□	体が壊れるとしても	⇒ 몸이 부서지는 한이 있어도	65-7
□	言わない限り	⇒ 말하지 않는 한	65-8

【66】 141

□	ねずみが死んでいるように(静かです)。	⇒ 쥐 죽은 듯(조용해요).	66-1
□	合っているようです。	⇒ 맞는 듯해요.	66-2
□	よくないようです。	⇒ 안 좋은 듯해요.	66-3
□	雨が降っているようです。	⇒ 비가 오는 듯해요.	66-4
□	事情があるようです。	⇒ 사정이 있는 듯해요.	66-5
□	歩いているようです。	⇒ 걷는 듯합니다.	66-6
□	理由があるようです。	⇒ 이유가 있는 듯합니다.	66-7

□	通っているようです。	⇒ 다니는 듯해요 .	66-8

【67】 142

□	飲んでいるようです。	⇒ 마시는 모양입니다 .	67-1
□	気になるようです。	⇒ 신경이 쓰이는 모양입니다 .	67-2
□	考えているようです。	⇒ 생각하는 모양입니다 .	67-3
□	寝ているようです。	⇒ 자고 있는 모양이에요 .	67-4
□	読んでいるようです。	⇒ 읽고 있는 모양입니다 .	67-5
□	腹が立っているようです。	⇒ 화가 나는 모양이에요 .	67-6
□	悩んでいるようです。	⇒ 고민하는 모양이에요 .	67-7
□	付き合っているようです。	⇒ 사귀는 모양이에요 .	67-8

【68】 143

□	触らないで下さい。	⇒ 만지지 마세요 .	68-1
□	ついて来ないで下さい。	⇒ 따라오지 마세요 .	68-2
□	気にしないで下さい。	⇒ 신경 쓰지 마세요 .	68-3
□	無理しないで下さい。	⇒ 무리하지 마세요 .	68-4
□	行かないで。	⇒ 떠나지 마 .	68-5
□	あきらめないで下さい。	⇒ 포기하지 마세요 .	68-6

□	入らないで下さい。	⇒ 들어가지 마세요 .	68-7
□	訪ねて来ないで下さい。	⇒ 찾아오지 말아 주세요 .	68-8

【69】 144

□	泣かないで下さい。	⇒ 울지 말아요 .	69-1
□	からかわないで下さい。	⇒ 놀리지 말아요 .	69-2
□	忘れないで下さい。	⇒ 잊지 말아요 .	69-3
□	言い訳しないで下さい。	⇒ 변명하지 말아요 .	69-4
□	話をそらさないで下さい。	⇒ 말 돌리지 말아요 .	69-5
□	説明しないで下さい。	⇒ 설명하지 마십시오 .	69-6
□	触らないで下さい。	⇒ 손대지 마십시오 .	69-7
□	騙されないで下さい。	⇒ 속지 마십시오 .	69-8

【70】 145

□	友情が変わらないように！ （直：友情が変わるのはやめよう！）	⇒ 우정 변치 말자 !	70-1
□	悪口を言うのはやめよう！	⇒ 욕하지 말자 !	70-2
□	ぶつぶつ言うのはやめましょう！	⇒ 투덜거리지 맙시다 .	70-3

□	失望しないようにしよう！（直:失望するのはやめよう！）	⇒ 실망하지 말자 !	70-4
□	別れないようにしよう！	⇒ 헤어지지 말자 !	70-5
□	疑うのはやめましょう！	⇒ 의심하지 맙시다 !	70-6
□	捨てるのはやめましょう！	⇒ 버리지 맙시다 !	70-7
□	会わないようにしましょう！	⇒ 만나지 맙시다 !	70-8

【71】 146

□	寝られないのですか？	⇒ 자지 못해요 ?	71-1
□	することができませんでした。	⇒ 하지 못했어요 .	71-2
□	歩くことができません。	⇒ 걷지 못합니다 .	71-3
□	行くことができませんでしたか？	⇒ 가지 못했습니까 ?	71-4
□	食べることができませんでした。	⇒ 먹지 못했어요 .	71-5
□	結婚式を挙げることができませんでした。	⇒ 결혼식을 올리지 못했습니다 .	71-6
□	完成することができませんでした。	⇒ 완성하지 못했습니다 .	71-7

□ 逢うことができませんでした。 ⇒ 만나지 못했어요 . 71-8

【72】 147

□ さようなら。(直:安寧でいらっしゃってください。) ⇒ 안녕히 계십시오 . 72-1

□ 召し上がって下さい。 ⇒ 드십시오 . 72-2

□ お休みなさい。 ⇒ 안녕히 주무십시오 . 72-3

□ 来て下さい。 ⇒ 오십시오 . 72-4

□ よい一日になりますように。 ⇒ 좋은 하루 되십시오 . 72-5

□ おくつろぎ下さい。 ⇒ 쉬십시오 . 72-6

□ お待ち下さい。 ⇒ 기다리십시오 . 72-7

□ 来て下さい。 ⇒ 오십시오 . 72-8

【73】 148

□ 召し上がって下さい。 ⇒ 드세요 . 73-1

□ お過ごしですか? ⇒ 지내세요 ? 73-2

□ 大丈夫ですか? ⇒ 괜찮으세요 ? 73-3

□ 連絡なさいますか? ⇒ 연락하세요 ? 73-4

□ お休みなさい。 ⇒ 안녕히 주무세요 . 73-5

□	気をしっかり持って下さい。	⇒ 정신 차리세요 .	73-6
□	あけましておめでとうございます。	⇒ 새해 복 많이 받으세요 .	73-7
□	宜しくお伝え下さい。	⇒ 안부 전해 주세요 .	73-8

【74】 149

□	お過ごしですか?	⇒ 지내십니까 ?	74-1
□	大丈夫ですか?	⇒ 괜찮으십니까 ?	74-2
□	休んでいらっしゃいます。	⇒ 쉬고 계십니다 .	74-3
□	連絡なさいますか?	⇒ 연락하십니까 ?	74-4
□	行かれるのですか?	⇒ 가십니까 ?	74-5
□	お元気ですか?	⇒ 건강하십니까 ?	74-6
□	執筆なさいますか?	⇒ 집필하십니까 ?	74-7
□	お戻りになりますか?	⇒ 돌아오십니까 ?	74-8

【75】 150

□	行かれましたか?	⇒ 가셨어요 ?	75-1
□	召し上がりましたか?	⇒ 드셨어요 ?	75-2
□	外出なさいました。	⇒ 외출하셨어요 .	75-3

☐ お休みになりましたか？⇒ 주무셨어요 ? 75-4

☐ お座りになりましたか？⇒ 앉으셨어요 ? 75-5

☐ お読みになりましたか？⇒ 읽으셨어요 ? 75-6

☐ 同意なさいましたか？ ⇒ 동의하셨습니까 ? 75-7

☐ お戻りになりました。 ⇒ 돌아오셨습니다 . 75-8

韓国語引き 単語帳

ㄱ

□ 가깝다	近い
□ 가끔씩	たまに、時々
□ 가다	行く
□ 가방	鞄
□ 가볍다	軽い
□ 가보다	行ってみる
□ 가사도우미	お手伝いさん
□ 가장	家長、大黒柱
□ 가짜	偽物
□ 간장게장	カンジャンケジャン
□ 간호사	看護師
□ 갈아타다	乗り換える
□ 감기	風邪
□ 감기에 걸리다	風邪をひく(直:風邪にかかる)
□ 감동	感動
□ 감동하다	感動する
□ 감동 (을) 받다	感動する(直:感動を受ける)
□ 갑자기	急に
□ 강남	江南(地名)
□ 강아지	子犬
□ 강의	講義
□ 같다	同じだ
□ 같이	一緒に
□ 개	犬
□ 거기	そこ
□ 거르다	抜かす、とばす
□ 거실	リビングルーム
□ 걱정하다	心配する
□ 건강하다	健康だ
□ 걷다	歩く
□ 결과	結果
□ 결제하다	決済する
□ 결혼식	結婚式
□ 결혼식을 올리다	結婚式を挙げる
□ 결혼하다	結婚する
□ 경제적	経済的
□ 경치	景色
□ 경품	景品
□ 경험	経験
□ 계속	ずっと(直:継続)
□ 계약서	契約書
□ 고등학생	高校生
□ 고무장갑	ゴム手袋
□ 고민하다	悩む
□ 고추장	コチュジャン
□ 고향	故郷
□ 곡	曲
□ 곤란하다	困る
□ 골프	ゴルフ
□ 골프장	ゴルフ場
□ 공기	空気
□ 공기청정기	空気清浄機
□ 공부하다	勉強する
□ 공연	講演
□ 공원	公園
□ 과일	果物
□ 관심	関心
□ 괜찮다	大丈夫だ、十分だ、構わない
□ 괜히	むやみに、いたずらに(공연히の縮約形)
□ 교수 (님)	教授(님をつけないと呼び捨てのように聞こえる)
□ 교실	教室
□ 교제하다	交際する
□ 교통사고	交通事故
□ 교환	交換
□ 구름	雲
□ 구석	隅
□ 구석구석	隅々まで
□ 국	スープ
□ 군대	軍隊
□ 굳이	強いて、無理に
□ 궁금하다	気になる、心配だ、心配で気になる、気になって知りたい
□ 그	その
□ 그렇게	そんなに
□ 그렇다	そうだ、そのとおりだ
□ 그만하다	その程度にする、やめる
□ 근육	筋肉
□ 근처	近所
□ 긍정적	肯定的
□ 기다리다	待つ
□ 기름	油
□ 기미	しみ

□ 기뻐하다	喜ぶ
□ 기쁘다	嬉しい
□ 기운	気、元気
□ 기타를 치다	ギターをひく
□ 김치	キムチ
□ 김치냉장고	キムチ冷蔵庫
□ ~까지	~まで
□ (깜짝) 놀라다	びっくりする、驚く
□ (깜짝) 놀래다	びっくりさせる、驚かす
□ 깨끗하다	きれいだ、清潔だ
□ ~께	~に(敬語)
□ 꼭	必ず、きっと、是非
□ 꽃	花
□ 꿈	夢
□ 끊다	切る、やめる
□ 끝나다	終わる
□ 끝내다	終える、すませる

ㄴ

□ 나가다	出て行く
□ 나누다	分ける、やりとりする、分かちあう
□ 나쁘다	悪い
□ 나이	歳
□ 나이가 들다	歳をとる
□ 나이를 먹다	歳をとる
□ 날	日
□ 날씨	天気
□ 날카롭다	鋭い
□ 남	人、他人
□ 남자	男性(直:男子)
□ 남자친구	彼氏
□ 남편	夫、旦那
□ 낮잠	昼寝
□ 낮추다	低くする
□ 낳다	産む(生む)
□ 내년	来年
□ 내일	明日
□ 냉장고	冷蔵庫
□ 너무	とても、あまりにも
□ 넓다	広い
□ 노래	歌
□ 노래자랑	のど自慢
□ 노트북	ノートパソコン
□ 놀러 가다	遊びに行く
□ 놓다	置く、放す
□ 누구	だれ
□ 누르다	押す
□ 눈	目
□ 눈빛	目つき、目の輝き
□ 느낌	感じ、印象、フィーリング
□ 늦다	遅い

ㄷ

□ 다	みんな、すべて、全部
□ 다가가다	近づく、近寄る
□ 다니다	通う
□ 다들	みんな
□ 다른	他の
□ 다리	脚
□ 다시	また、ふたたび
□ 다치다	怪我をする、傷つく
□ 닦다	拭く、磨く
□ 달리다	走る
□ 닭살커플	いちゃついてるカップル
□ 담배	タバコ
□ 당신	あなた
□ 대하다	対する、接する、向かいあう、顔を合わせる、応対する
□ 대화	対話
□ 대화를 나누다	話し合う
□ 더	もっと
□ 더워지다	暑くなる
□ 덥다	暑い
□ 데이트	デート
□ 도대체	一体
□ 도시락	お弁当
□ 도시락(을) 싸다	お弁当を作る
□ 도착하다	到着する、着く
□ 독신	独身
□ 독학	独学
□ 돈	お金
□ 돌다	回る、回転する
□ 돌리다	回す、回転させる、回らせる
□ 돌아오다	帰って来る、帰る、戻る
□ 돌잔치	満一歳の誕生日のお祝いの披露宴
□ 동대문	東大門

□ 동업	共同経営(直:同業)
□ 동의하다	同意する
□ 되다	なる
□ 드디어	やっと、ついに、とうとう
□ 드라마	ドラマ
□ 드라이브	ドライブ
□ 드시다	召し上がる
□ 듣다	聞く、聴く
□ ~들	~達
□ 들르다	寄る、立ち寄る
□ 들어가다	入る(直:入って行く)
□ 들어오다	戻ってくる(直:入ってくる)
□ 등산복	登山服
□ 따라오다	ついて来る
□ 따르다	従う、追う
□ 딸	娘
□ 때	時(とき)
□ 떡볶이	トッポッキ
□ 똑똑하다	かしこい、しっかりしている
□ 뚜렷하다	くっきりしている

ㄹ

□ ~라도	~でも
□ 레스토랑	レストラン
□ 로맨틱	ロマンチック

ㅁ

□ 마르다	渇く、乾く
□ 마시다	飲む
□ 마음	気持ち、心
□ 마지막	最後、終わり
□ 마지막회	最終回
□ 마침내	とうとう、ついに
□ 막	たった今
□ 막내	末っ子
□ 만나다	会う、出会う
□ 만들다	作る
□ 만들어지다	作られる
□ 만지다	触る
□ 많다	多い
□ 많이	たくさん
□ 말	言葉
□ 말 돌리다	話をそらす
□ 말이 안되다	話にならない
□ 말하다	言う
□ 맑다	清い、きれいだ、濁りがない
□ 맛이 심심하다	味が薄い
□ 맛있다	おいしい
□ 맞다	合う、正しい、一致する、殴られる
□ 매력적	魅力的
□ 매일	毎日
□ 맵다	辛い
□ 머리카락	髪の毛
□ 머리	頭
□ 먹다	食べる
□ 먼저	先に
□ 멈추다	止まる
□ 메뉴	メニュー
□ 메달	メダル
□ 메달을 따다	メダルをとる
□ 며느리	(息子の)嫁
□ 면접 (을) 보다	面接を受ける
□ 면제되다	免除される
□ 본부장	本部長
□ 몇 호선	何号線
□ 모델	モデル
□ 모르다	知らない、分からない
□ 모습	姿
□ 모으다	貯める、集める
□ 모이다	集まる
□ 모자	帽子
□ 목	のど、首
□ 목소리	声
□ 몰라보다	見違える
□ 몸	体
□ 무섭다	怖い、恐ろしい
□ 문의하다	問い合わせ(を)する
□ 문제	問題
□ 문화	文化
□ 물어보다	尋ねてみる、聞いてみる、うかがう
□ 뭐든지	なんでも
□ 미리	あらかじめ、前もって
□ 미용실	美容室
□ 미인	美人
□ 미치다	変になる、気が狂う
□ 밑	下、底(ある物体の下)

ㅂ	
□ 바꾸다	変える
□ 바다	海
□ 바라다	願う、お願いする
□ 바라보다	見つめる
□ 바람	風
□ 바로	すぐ、まさに
□ 바르다	ぬる、正しい
□ 바쁘다	忙しい
□ 바지	ズボン
□ 밖	外
□ 반갑다	(会えて)嬉しい
□ 반드시	必ず、きっと
□ 반지	指輪
□ 반찬	おかず
□ 반품	返品
□ 받다	受ける、もらう
□ 발생하다	発生する
□ 발전하다	発展する
□ 밤	夜、栗
□ 밥	ごはん
□ 방	部屋
□ 방문하다	訪問する
□ 방송	放送
□ 배	お腹、船、梨
□ 배고프다	お腹が空く
□ 배구	バレーボール
□ 배부르다	おなかがいっぱいだ
□ 배우	俳優
□ 배우다	習う、学ぶ、教わる
□ 배탈이 나다	お腹をこわす
□ 버리다	捨てる
□ 버튼	ボタン
□ 번	番、回、度(回数)
□ 벌어오다	稼いでくる
□ 베란다	ベランダ
□ 변명하다	言い訳する、言い逃れる
□ 변하다	変わる
□ 별명	ニックネーム
□ 보관함	コインロッカー
□ 보내나	送る
□ 보다	見る
□ ~ 보다	~より

□ 보이스피싱	ボイスフィッシング、振り込め詐欺(金融詐欺などの犯罪のこと)
□ 보자기	ポジャギ、風呂敷き、ものを包む布
□ 보험	保険
□ 보험에 들다	保険に入る
□ 보호하다	保護する、守る
□ 볼펜	ボールペン
□ 부르다	呼ぶ、歌う
□ 부모	両親、父母
□ 부서지다	壊れる
□ 부엌	台所
□ 부자	お金持ち
□ 부치다	(小包などを)送る
□ ~ 부터	~から
□ 분위기	雰囲気
□ 불꽃축제	花火大会(直:花火祝祭)
□ 불쌍하다	かわいそうだ
□ 불어나다	増す、増える
□ 불합격	不合格
□ 뷔페	ビュッフェ
□ 비	雨
□ 비가 내리다	雨が降る
□ 비싸다	(値段が)高い
□ 비타민제	ビタミン剤
□ 비행기	飛行機
□ 비행기표	飛行機のチケット
□ 빠르다	早い、速い
□ 빠지다	陥る
□ 빨래	洗濯
□ 빨리	早く
□ 빼다	引く、取り除く、抜く、取り出す
ㅅ	
□ 사고	事故
□ 사귀다	付き合う
□ 사람	人
□ 사랑	愛
□ 사랑하다	愛する
□ 사무실	事務室
□ 사실	事実
□ 사업	事業
□ 사이즈	サイズ

韓国語引き 単語帳

□ 사극 (시대극)	時代劇
□ 사장	社長
□ 사정	事情
□ 삭제하다	削除する
□ 산	山
□ 살	肉、身
□ 살 (을) 빼다	減量する、体重を減らす、ダイエットする(直:肉を取り除く)
□ 살다	生きる、過ごす、暮らす
□ 상관없다	(互いに)関係がない、かまわない、心配無用だ、平気だ
□ 상대	相手
□ 샌드위치	サンドイッチ
□ 생각	考え
□ 생각보다	思ったより
□ 생각하다	考える、思う
□ 생기다	できる、生じる、生ずる
□ 생머리	ストレートヘア
□ 생일	誕生日
□ 생크림	生クリーム
□ 생활	生活
□ 샤워하다	シャワーを浴びる
□ 서두르다	急ぐ、焦る
□ 서류	書類
□ 서울	ソウル
□ 선물	プレゼント
□ 설거지	皿洗い
□ 설명하다	説明する
□ 성격	性格
□ 성적	成績
□ 세상	世の中
□ 세수를 하다	顔を洗う
□ 세우다	止める、立てる、建てる
□ 세일	セール
□ 소나기	夕立ち
□ 소식	知らせ、消息、ニュース
□ 소원	願い、念願
□ 소포	小包
□ 속	中、内部、内、奥(主に3次元の内部、具体的な名詞)
□ 속다	騙される
□ 손대다	手を付ける、(手で)触る、(手で)触れる、手を出す
□ 손자	孫
□ 수수료	手数料
□ 수영	水泳
□ 숙제	宿題
□ 순진하다	純真だ、素直だ
□ 숟가락	スプーン
□ 술	酒
□ 술집	飲み屋
□ 쉬다	休む
□ 쉽다	易しい、たやすい、簡単だ、容易だ
□ 슈퍼	スーパー
□ 스마트폰	スマートフォン
□ 스무살	20歳
□ 스타일	スタイル
□ 스트레스	ストレス
□ 승진	昇進
□ 승진하다	昇進する
□ 시간	時間
□ 시끄럽다	うるさい
□ 시원하다	涼しい、すっきりする、さっぱりする
□ 시작하다	始める
□ 시장	市場
□ 시집 (을) 가다	女の人が結婚すること、嫁ぐ
□ 시키다	注文する、させる
□ 시험	試験
□ 시험을 보다	試験を受ける
□ 식다	冷める、冷える
□ 식사하다	食事する
□ 식탁	食卓
□ 신경쓰다	気にする
□ 신경을 쓰다	気をつかう(直:神経をつかう)
□ 신경이 쓰이다	気になる
□ 신뢰	信頼
□ 신문	新聞
□ 신분증명서	身分証明書
□ 신용카드	クレジットカード
□ 신혼	新婚
□ 신혼여행	新婚旅行
□ 신혼여행을 가다	新婚旅行を行く
□ 실망하다	失望する
□ 실물	実物、ほんもの
□ 실수	誤り、ミス

□ 실패　失敗(破産や受験の失敗など)
□ 싫다　嫌だ、嫌いだ
□ 심각하다　深刻だ
□ 심심하다　退屈だ
□ 싸다　包む、安い
□ 선크림(썬크림)　日焼け止め
□ 쓰다　書く、使う、苦い
□ 쓰레기　ゴミ
□ 씻다　洗う

ㅇ

□ 아기　赤ちゃん
□ 아까　さっき
□ 아니다　ではない、違う
□ 아래　下(ある基準より低い位置)
□ 아름답다　美しい
□ 아이　子供
□ 아직　まだ
□ 아직까지도　いまだに
□ 아침　朝
□ 아프다　痛い、具合が悪い
□ 안　中、内部(主に1次元・2次元、抽象的な名詞)
□ 안경　眼鏡
□ 안경을 쓰다　メガネをかける
□ 안녕히　安寧に
□ 안되다　できない、うまくいかない
□ 안부　安否
□ 안부(를) 전하다　宜しく伝える(安否を伝える)
□ 앉다　座る
□ 알다　知る、分かる
□ 알아보다　調べてみる、探してみる、気づく、見分ける
□ 애인　恋人、愛する人
□ 야구　野球
□ 야단(을) 치다　叱る
□ 야채　野菜
□ 약속하다　約束する
□ 양　量
□ 얘기(이야기)　話
□ 어둡다　暗い
□ 어디　どこ
□ 어떡하다　どういうふうにする、どうする
□ 어떻게　どうやって
□ 어렵다　難しい
□ 어리다　若い、幼い
□ 어제　昨日
□ 어젯밤　昨夜、前夜
□ 언제　いつ
□ 얻다　得る、もらう
□ 얼굴　顔
□ 얼마나　どのくらい
□ 없다　ない、いない
□ 없어지다　無くなる、消える
□ 여기　ここ
□ 여동생　妹
□ 여자　女性、女の人(直:女子)
□ 여한(餘恨)　遺恨
□ 여한이 없다　思い残すことがない、(死んでも)何の悔いもない
□ 여행사　旅行会社(直:旅行社)
□ 역　駅
□ 연기자　演技者
□ 연락하다　連絡する
□ 연예인　芸能人
□ 열심히　一生懸命に
□ 영원　永遠
□ 영화　映画
□ 옆　となり、横、そば
□ 예쁘다　きれいだ
□ 예약녹화　予約録画
□ 예약하다　予約する
□ 옛날　昔
□ 오늘　今日
□ 오다　来る
□ 오랫동안　長い間、じっくり
□ 오르다　登る
□ 오른쪽　右
□ 오이　きゅうり
□ 오이김치　きゅうりキムチ
□ 오후　午後
□ 올림픽　オリンピック
□ 옷　服
□ 완성하다　完成する、出来上がる
□ 완쾌　全快、全治
□ 왜　なぜ、どうして、なんで

韓国語引き 単語帳

□ 외출하다	外出する
□ 왼쪽	左
□ 요리	料理
□ 요즘	この頃
□ 욕하다	悪口を言う
□ 용서하다	許す
□ 우리	私達、われわれ
□ 우리집	我が家
□ 우연히	偶然
□ 우정	友情
□ 운동	運動
□ 운동화	運動靴
□ 운명	運命
□ 운행하다	運行する
□ 울다	泣く
□ 울리다	鳴る、鳴らす
□ 위	上
□ 위험하다	危険だ
□ 유치하다	幼稚だ、おさない
□ 유카타	浴衣
□ 유학가다	留学する(直訳:留学行く)
□ 유혹	誘惑
□ 은행	銀行
□ 음악	音楽
□ 의견	意見
□ 의심	疑い
□ 이	この、歯
□ 이건	これは
□ 이것저것	あれこれ
□ 이기다	勝つ
□ 이동하다	移動する
□ 이따가	後で
□ 이루다	成す、遂げる
□ 이루어지다	思い通りになる、成る、叶う
□ 이를 갈다	歯ぎしりをする
□ 이름	名前
□ 이목구비	目鼻立ち(直:耳目口鼻)
□ 이번주	今週
□ 이상하다	変だ、おかしい
□ 이상형	理想(形)
□ 이야기	話
□ 이야기를 나누다	話す、語り合う
□ 이야기하다	話す
□ 이용하다	利用する
□ 이제	もうすぐ、今
□ 이제부터	これから
□ 이쪽	こちら
□ 이해하다	理解する
□ 이혼하다	離婚する
□ 인기	人気
□ 인터넷	インターネット
□ 인형	人形
□ 일	物事、仕事、用事
□ 일단	一旦、とりあえず
□ 일렉기타	エレキギター
□ 일본어	日本語
□ 일시불	一括払い
□ 일어나다	起きる
□ 일찍	早く、早めに
□ 일하다	仕事する
□ 읽다	読む
□ 임하다	対する、臨む
□ 있다	ある、いる
□ 잊다	忘れる、思い出さない

ㅈ

□ 자기야	ハニー、ダーリン
□ 자꾸	しょっちゅう、しきりに、何度も何度も
□ 자다	寝る
□ 자동차	自動車
□ 자료	資料
□ 자세히	詳細に、詳しく
□ 자주	しょっちゅう
□ 작다	小さい
□ 작품	作品
□ 잘	よく
□ 잘 생기다	ハンサムだ
□ 잘하다	上手だ
□ 잠(을)자다	寝る
□ 잠깐	ちょっと(時間的に)
□ 잠시	しばらく
□ 잠이 들다	眠り込む、眠る
□ 장가	男が結婚する事
□ 장갑	手袋
□ 장마	梅雨
□ 장수	長生き(直:長寿)

□ 저	あの
□ 저축	貯蓄
□ 전하다	伝える
□ 절대	絶対
□ 점심	昼食
□ 젓가락	箸
□ 정말	本当
□ 정신 (을) 차리다	気をしっかり持つ、まともになる、意識を取り戻す
□ 정확하다	正確だ
□ 제	私の
□ 제주도	済州島
□ 조금	少し
□ 조깅	ジョギング
□ 조사하다	調査する
□ 조심하다	気をつける
□ 조용하다	静かだ
□ 졸다	眠る
□ 졸리다	眠い
□ 좀	ちょっと
□ 좁다	狭い
□ 좋다	よい、優れている
□ 좋아지다	好きになる、よくなる
□ 좋아하다	好きだ、好む
□ 죄송하다	申し訳ない
□ 주름	しわ
□ 주말	週末
□ 주무시다	お休みになる
□ 주문	注文
□ 주부	主婦
□ 주차장	駐車場
□ 죽다	死ぬ
□ 준비되다	準備できる
□ 준비하다	準備する
□ ~중	~中
□ 증가하다	増加する
□ 지금	今
□ 지나다	過ぎる
□ 지난 번	この間、先日
□ 지내다	過ごす、暮らす
□ 지다	負ける
□ 지리	地理
□ 지우개	消しゴム
□ 지우다	消す
□ 지워져 버리다	消えてしまう
□ 지워지다	消える
□ 지치다	疲れる、ヘトヘトになる、くたびれる
□ 지하철	地下鉄
□ 지혜	知恵
□ 직접	直接
□ 진짜	本当に
□ 집	家
□ 집안	家柄
□ 집필하다	執筆する
□ 집합하다	集合する
□ 짜장면	チャジャン麺
□ 찌다	(肉が) つく、太る、蒸す
□ 찜찔방	チムジルパン

ㅊ

□ 차	車
□ 차갑다	冷たい
□ 착하다	やさしい、善良だ、利口だ
□ 참고하다	参考にする
□ 창구	窓口
□ 찾다	探す
□ 찾아오다	訪ねてくる
□ 책	本
□ ~처럼	~のように
□ 처음	初めて
□ 천천히	ゆっくり
□ 청소하다	掃除する
□ 쳐다보다	見つめる
□ 최근	最近
□ 최초	最初
□ 추억	思い出(直:追憶)
□ 추워지다	寒くなる
□ 추진하다	進める(直:推進する)
□ 출근	出勤
□ 출발하다	出発する
□ 출장	出張
□ 출장가다	出張に行く
□ 춤을 추다	踊る
□ 춥다	寒い
□ 취미	趣味
□ 취직하다	就職する

□ 취하다	酔う、夢中になる
□ 치즈케익 (치즈케이크)	チーズケーキ
□ 친구	友達
□ 친절하다	優しい、親切だ

ㅋ

□ 칼	包丁、ナイフ(刃物)
□ 커피	コーヒー
□ 코미디 (코메디)	コメディー
□ 크다	大きい
□ 키	背、身長
□ 키가 작다	背が低い
□ 키가 크다	背が高い
□ 키우다	飼う、育てる

ㅌ

□ 타다	乗る
□ 태어나다	生まれる
□ 택배	宅配
□ 택시	タクシー
□ 토요일	土曜日
□ 통장	通帳
□ 통행	通行
□ 통화	通話
□ 퇴근	退勤
□ 퇴사하다	退社する
□ 특별하다	特別だ
□ 튼튼하다	丈夫だ、健康だ、健やかだ
□ 틀림없다	確かだ、間違いない
□ 팀	チーム

ㅍ

□ 팔다	売る
□ 팔리다	売れる
□ 팥	あずき
□ 패션	ファッション
□ 팩스	ファックス
□ 편리하다	便利だ
□ 편의점	コンビニ
□ 편지	手紙
□ 편하다	便利だ、楽だ
□ 편히	ゆっくり、気楽に
□ 폭탄주	爆弾酒
□ 품질	品質
□ 피곤하다	疲れている
□ 피부	皮膚、肌
□ 피아노	ピアノ
□ 피우다	吸う
□ 필요하다	必要だ

ㅎ

□ 하나도	一つも、少しも
□ 하루	一日
□ 학교폭력	校内暴力(直:学校暴力)
□ 학생	学生
□ 한 달	一か月
□ 한 번	一度
□ 한가하다	暇だ
□ 한국	韓国
□ 한국말	韓国語(直:韓国の言葉)
□ 한국스타	韓国スター
□ 한국어	韓国語
□ 한국어능력시험	韓国語能力試験
□ 한심하다	情けない
□ 할머니	おばあちゃん
□ 할아버지	おじいちゃん
□ 합격	合格
□ 합격하다	合格する
□ 항상	いつも
□ 해롭다	害になる, 有害である
□ 핸드폰	携帯電話(直:hand phone)
□ 행동	行動
□ 헤어지다	別れる
□ 헤엄치다	泳ぐ
□ 호주	オーストラリア(直:豪州)
□ 혼나다	怒られる、ひどい目にあう
□ 혼자	1人
□ 홍삼	ホンサム(紅参)
□ 화를 내다	怒る
□ 화장품	化粧品
□ 환절기	季節の変わり目
□ 회	刺身
□ ～회	回
□ 회사	会社
□ 후	後(あと)
□ 후련하다	すっきりする、さっぱりする
□ 후회하다	後悔する
□ 휴대폰	携帯電話
□ 힘들다	つらい
□ 힘들다	大変だ

日本語引き 単語帳

あ

□ 愛	사랑
□ 愛する	사랑하다
□ 相手	상대
□ 会う	만나다
□ 合う、正しい、一致する、殴られる、叩かれる	맞다
□ 赤ちゃん	아기
□ 朝	아침
□ 脚	다리
□ 味が薄い	맛이 심심하다
□ 明日	내일
□ あずき	팥
□ 遊びに行く	놀러 가다
□ 頭	머리
□ 暑い	덥다
□ 暑くなる	더워지다
□ 集まる	모이다
□ 集める	모으다
□ 後(あと)	후
□ 後で	이따가
□ あなた	당신
□ あの	저
□ 油	기름
□ 遺恨	여한(餘恨)
□ 雨	비
□ 雨が降る	비가 내리다
□ 誤り、ミス	실수
□ 洗う	씻다
□ あらかじめ、前もって	미리
□ ある、いる	있다
□ 歩く	걷다
□ あれこれ	이것저것
□ 安寧に	안녕히
□ 安否	안부

い

□ 言い訳する、言い逃れる	변명하다
□ 言う	말하다
□ 家	집
□ 家柄	집안
□ 生きる	살다
□ 行く	가나
□ 意見	의견
□ 忙しい	바쁘다
□ 急ぐ、慌てる	서두르다
□ 痛い、具合が悪い	아프다
□ 一度	한 번
□ 一日	하루
□ 市場	시장
□ いちゃついてるカップル	닭살커플
□ いつ	언제
□ 一か月	한 달
□ 一括払い	일시불
□ 一生懸命に	열심히
□ 一緒に	같이
□ 一体	도대체
□ 一旦、とりあえず	일단
□ 行ってみる	가보다
□ いつも	항상
□ 移動する	이동하다
□ 犬	개
□ 今	지금
□ いまだに	아직까지도
□ 妹	여동생
□ 嫌だ、嫌いだ	싫다
□ インターネット	인터넷

う

□ 上	위
□ 受ける	받다
□ 歌	노래
□ 歌う、呼ぶ	부르다
□ 疑い	의심
□ 美しい	아름답다
□ 生まれる	태어나다
□ 海	바다
□ 産む(生む)	낳다
□ 売る	팔다
□ うるさい	시끄럽다
□ 嬉しい	기쁘다
□ (会えて)嬉しい	반갑다
□ 売れる	팔리다
□ 運行する	운행하다
□ 運動	운동
□ 運動靴	운동화
□ 運命	운명

日本語引き 単語帳

え

□ 永遠	영원
□ 映画	영화
□ 駅	역
□ 得る、もらう	얻다
□ エレキギター	일렉기타
□ 演技者	연기자

お

□ おいしい	맛있다
□ 追う	따르다
□ 終える、すませる	끝내다
□ 多い	많다
□ 大きい	크다
□ オーストラリア	호주
□ おかしい	이상하다
□ おかず	반찬
□ お金	돈
□ お金持ち	부자
□ 起きる	일어나다
□ 置く、放す	놓다
□ 送る	보내다
□ (小包などを)送る	부치다
□ 怒られる、ひどい目にあう	혼나다
□ 怒る	화를 내다
□ 幼い	어리다
□ おじいちゃん	할아버지
□ 押す	누르다
□ 遅い	늦다
□ 恐ろしい	무섭다
□ 陥る	빠지다
□ 夫、旦那	남편
□ お手伝いさん	가사도우미
□ 男が結婚する事	장가
□ 踊る	춤을 추다
□ お腹	배
□ お腹がいっぱいだ	배부르다
□ お腹が空く	배고프다
□ お腹をこわす	배탈이 나다
□ 同じだ	같다
□ おばあちゃん	할머니
□ お弁当	도시락
□ お弁当を作る	도시락 (을) 싸다
□ 思い出、追憶	추억
□ 思い通りになる、成る、叶う	이루어지다
□ 思い残すことがない、(死んでも)何の悔いもない	여한이 없다
□ 思ったより	생각보다
□ お休みになる	주무시다
□ 泳ぐ	헤엄치다
□ オリンピック	올림픽
□ 終わり	마지막 , 끝
□ 終わる	끝나다
□ 音楽	음악
□ 女の人が結婚する事、嫁ぐ	시집 (을) 가다
□ お願いする	바라다

か

□ 回	회 , 번
□ 会社	회사
□ 外出する	외출하다
□ 回転させる	돌리다
□ 回転する	돌다
□ 害になる	해롭다
□ 飼う、育てる	키우다
□ 帰って来る	돌아오다
□ 帰る	돌아오다
□ 変える	바꾸다
□ 顔	얼굴
□ 顔を洗う	세수를 하다
□ 顔を合わせる	대하다
□ 書く、使う、苦い	쓰다
□ 学生	학생
□ かしこい、しっかりしている	똑똑하다
□ 風	바람
□ 風邪	감기
□ 稼いでくる	벌어오다
□ 風邪をひく(直:風邪にかかる)	감기에 걸리다
□ 家長、大黒柱	가장
□ 勝つ	이기다
□ 学校暴力	학교폭력
□ 必ず	꼭
□ 必ず、きっと	반드시
□ 鞄	가방
□ かまわない	상관없다

□ 髪の毛	머리카락（日常会話では、「머리」と言う場合も少なくない。
□ 通う	다니다
□ ～から	~부터
□ 辛い	맵다
□ 体	몸
□ 軽い	가볍다
□ 彼氏	남자친구
□ かわいそうだ	불쌍하다
□ 乾く	마르다
□ 変わる	변하다
□ 考え	생각
□ 考える、思う	생각하다
□ (互いに)関係がない、気にかけない、心配がない	상관없다
□ 韓国	한국
□ 韓国語(韓国の言葉)	한국말
□ 韓国語	한국어
□ 韓国語能力試験	한국어능력시험
□ 韓国スター	한국스타
□ 看護師	간호사
□ 感じ	느낌
□ カンジャンケジャン	간장게장
□ 関心	관심
□ 完成する	완성하다
□ 簡単だ	쉽다
□ 感動	감동
□ 感動する(直:感動を受ける)	감동(을)받다

き

□ 気、元気(直:気運)	기운
□ 消えてしまう	지워져 버리다
□ 消える	지워지다
□ 消える、なくなる	없어지다
□ 気が狂う	미치다
□ 聞く、聴く	듣다
□ 危険だ	위험하다
□ 傷つく	다치다
□ 季節の変わり目	환절기
□ ギターをひく	기타를 치다
□ 気にする	신경쓰다
□ 気になる(気になって知りたい)	궁금하다
□ 気になる	신경이 쓰이다
□ 昨日	어제
□ キムチ	김치
□ キムチ冷蔵庫	김치냉장고
□ 気持ち、心	마음
□ 急に	갑자기
□ きゅうり	오이
□ きゅうりキムチ	오이김치
□ 清い	맑다
□ 今日	오늘
□ 教室	교실
□ 教授(님をつけないと呼び捨てのように聞こえる)	교수(님)
□ 曲	곡
□ 気楽に	편히
□ 切る	끊다
□ きれいだ	예쁘다
□ きれいだ、清い、濁りがない	맑다
□ きれいだ、清潔だ	깨끗하다
□ 気をしっかり持つ(まともになる、意識を取り戻す)	정신(을) 차리다
□ 気を使う	신경을 쓰다
□ 気をつける	조심하다
□ 銀行	은행
□ 近所	근처
□ 筋肉	근육

く

□ 空気	공기
□ 空気清浄機	공기청정기
□ 偶然	우연히
□ くたびれる	지치다
□ 果物	과일
□ くっきりしている	뚜렷하다
□ 雲	구름
□ 暗い	어둡다
□ 暮らす	지내다
□ 来る	오다
□ 車	차
□ クレジットカード	신용카드
□ 詳しく	자세히
□ 軍隊	군대

日本語引き 単語帳

け

□ 経験	경험
□ 経済的	경제적
□ 携帯電話	핸드폰 (直:hand phone)
□ 携帯電話	휴대폰
□ 芸能人	연예인
□ 景品	경품
□ 契約書	계약서
□ 怪我をする	다치다
□ 景色	경치
□ 消しゴム	지우개
□ 化粧品	화장품
□ 消す	지우다
□ 結果	결과
□ 結婚式	결혼식
□ 結婚式を挙げる	결혼식을 올리다
□ 結婚する	결혼하다
□ 決済する	결제하다
□ 健康だ	건강하다
□ 減量する、ダイエットする、(直:肉を取り除く)	살 (을) 빼다

こ

□ 子犬	강아지
□ 恋人	애인
□ コインロッカー	보관함
□ 公園	공원
□ 講演	공연
□ 後悔する	후회하다
□ 合格	합격
□ 合格する	합격하다
□ 交換	교환
□ 講義	강의
□ 高校生	고등학생
□ 交際する	교제하다
□ 交通事故	교통사고
□ 肯定的	긍정적
□ 行動	행동
□ 校内暴力(直:学校暴力)	학교폭력
□ 江南	강남
□ 声	목소리
□ コーヒー	커피
□ 故郷	고향
□ ここ	여기
□ 午後	오후
□ コチュジャン	고추장
□ こちら	이쪽
□ 小包	소포
□ 言葉	말
□ 子供	아이
□ この	이
□ この間	지난 번
□ 好む	좋아하다
□ ごはん	밥
□ 困る	곤란하다
□ ゴミ	쓰레기
□ ゴム手袋	고무장갑
□ コメディー	코메디 (코미디)
□ ゴルフ	골프
□ ゴルフ場	골프장
□ これから	이제부터
□ これは	이건
□ 怖い	무섭다
□ 壊れる	부서지다
□ 今週	이번주
□ コンビニ	편의점

さ

□ 最近(このごろ)	최근 , 요즘
□ 最後	마지막 , 최후
□ 最終回	마지막회
□ 最初	최초
□ サイズ	사이즈
□ 探す	찾다
□ 先に	먼저
□ 削除する	삭제하다
□ 探ってみる	알아보다
□ 作品	작품
□ 昨夜	어젯밤
□ 酒	술
□ さっき	아까
□ さっぱりする	후련하다
□ 寒い	춥다
□ 寒くなる	추워지다
□ 冷める	식다
□ 皿洗い	설거지
□ 触る	만지다 , 손대다

□ 参考にする	참고하다
□ サンドイッチ	샌드위치

し

□ 強いて	굳이
□ 叱る	야단 (을) 치다
□ 時間	시간
□ 事業	사업
□ しきりに	자꾸
□ 試験	시험
□ 試験を受ける	시험을 보다
□ 事故	사고
□ 仕事	일
□ 仕事する	일하다
□ 事実	사실
□ 事情	사정
□ 静かだ	조용하다
□ 下(ある基準より低い位置)	아래
□ 下、底(ある物体の下)	밑
□ 時代劇	사극 (시대극)
□ 従う	따르다
□ 失敗(破産や受験の失敗など)	실패
□ 執筆する	집필하다
□ 実物、ほんもの	실물
□ 失望する	실망하다
□ 自動車	자동차
□ 死ぬ	죽다
□ しばらく	잠시
□ しみ	기미
□ 事務室	사무실
□ 社長	사장
□ シャワーを浴びる	샤워하다
□ 集合する	집합하다
□ 就職する	취직하다
□ 週末	주말
□ 宿題	숙제
□ 出勤	출근
□ 出張	출장
□ 出張に行く	출장가다
□ 出発する	출발하다
□ 主婦	주부
□ 趣味	취미
□ 純真だ	순진하다
□ 準備する	준비하다
□ 準備できる	준비되다
□ 詳細に	자세히
□ 昇進	승진
□ 昇進する	승진하다
□ 上手だ	잘하다
□ 消息	소식
□ (体が)丈夫だ、頑丈だ	튼튼하다
□ ジョギング	조깅
□ 食事する	식사하다
□ 食卓	식탁
□ 女性、女の人	여자
□ しょっちゅう	자주
□ 書類	서류
□ 知らせ	소식
□ 知らない	모르다
□ 調べてみる、探してみる、気づく、見分ける	알아보다
□ 資料	자료
□ 知る	알다
□ しわ	주름
□ 神経をつかう	신경을 쓰다
□ 深刻だ	심각하다
□ 新婚	신혼
□ 新婚旅行	신혼여행
□ 新婚旅行を行く	신혼여행을 가다
□ 親切だ	친절하다
□ 身長、背	키
□ 心配する	걱정하다
□ 新聞	신문
□ 信頼	신뢰

す

□ 水泳	수영
□ 吸う	피우다
□ スーパー	슈퍼
□ スープ	국
□ 末っ子	막내
□ 姿	모습
□ 好きだ	좋아하다
□ 好きになる	좋아지다
□ 過ぎる	지나다
□ すぐ、まさに	바로
□ 優れている	뛰어나다

□ 少し	조금
□ 過ごす	지내다
□ 健やかだ	건강하다
□ 涼しい	시원하다
□ 進める、推進する	추진하다
□ スタイル	스타일
□ すっきりする	후련하다
□ ずっと	계속
□ 捨てる	버리다
□ ストレートヘア	생머리
□ ストレス	스트레스
□ 素直だ	순진하다 (直:솔직하다)
□ スプーン	숟가락
□ すべて	다
□ ズボン	바지
□ スマートフォン	스마트폰
□ 隅	구석
□ 隅々まで	구석구석
□ 鋭い	날카롭다
□ 座る	앉다

せ

□ 背	키
□ 性格	성격
□ 正確だ	정확하다
□ 生活	생활
□ 成績	성적
□ セール	세일
□ 背が高い	키가 크다
□ 背が低い	키가 작다
□ 接する	대하다
□ 絶対	절대
□ 説明する	설명하다
□ 狭い	좁다
□ 全快	완쾌(直:完快)
□ 洗濯	빨래
□ 全部	다
□ 前夜	어젯밤
□ 善良だ	착하다

そ

□ 増加する	증가하다
□ 掃除する	청소하다
□ そうだ、そのとおりだ	그렇다
□ ソウル	서울
□ そこ	거기
□ 外	밖
□ その	그
□ その程度にする	그만하다
□ そば	옆
□ そんなに	그렇게

た

□ 退勤	퇴근
□ 退屈だ	심심하다
□ 退社する	퇴사하다
□ 大丈夫だ、十分だ、構わない	괜찮다
□ 対する	대하다
□ 台所	부엌
□ 大変だ	힘들다
□ 対話	대화
□ (背が)高い	(키가) 크다
□ (値段が)高い	비싸다
□ たくさん	많이
□ タクシー	택시
□ 宅配	택배
□ 確かだ	틀림없다, 확실하다
□ 訪ねてくる	찾아오다
□ たずねてみる	물어보다
□ ～達	～들
□ 立ち寄る	들르다
□ たった今	막
□ タバコ	담배
□ 食べる	먹다
□ 騙される	속다
□ たまに	가끔씩
□ 貯める	모으다
□ たやすい、簡単だ	쉽다
□ だれ	누구
□ 誕生日	생일
□ 男性	남자(直:남성)

ち

□ 小さい	작다
□ チーズケーキ	치즈케익 (치즈 케이크)
□ チーム	팀
□ 知恵	지혜

□ 済州島 제주도
□ 近い 가깝다
□ 近づく 다가가다
□ 地下鉄 지하철
□ 近寄る 다가가다
□ チムジルパン 찜찔방
□ チャジャン麺 짜장면 (자장면)
□ ～中 중
□ 駐車場 주차장
□ 注文 주문
□ 注文する 시키다
□ 調査する 조사하다
□ 直接 직접
□ 貯蓄 저축
□ ちょっと(時間的) 잠시 , 잠깐
□ ちょっと 좀
□ 地理 지리

つ

□ ついて来る 따라오다
□ ついに 마침내
□ ついに 드디어
□ 通行 통행
□ 通帳 통장
□ 通話 통화
□ 疲れている 피곤하다
□ 疲れる 지치다
□ 付き合う 사귀다
□ 作られる 만들어지다
□ 作る 만들다
□ 伝える 전하다
□ 包む 싸다
□ 冷たい 차갑다
□ 梅雨 장마
□ つらい 힘들다

て

□ デート 데이트
□ 手紙 편지
□ 出来上がる、完成する 완성하다
□ できない、うまくいかない 안되다
□ できる、生じる 생기다
□ 手数料 수수료
□ ではない、違う 아니다
□ 出て行く 나가다
□ 手袋 장갑
□ ～でも 라도
□ 手を出す 손대다
□ 手を付ける 손대다
□ 天気 날씨

と

□ 度 번
□ 問い合わせ(を)する 문의하다
□ どういうふうにする 어떡하다
□ 同意する 동의하다
□ 同業 동업
□ どうする 어떡하다
□ 東大門 동대문
□ 到着する 도착하다
□ とうとう 마침내 , 드디어
□ どうやって 어떻게
□ 時(とき) 때
□ 時々 가끔씩
□ 独学 독학
□ 独身 독신
□ 特別だ 특별하다
□ どこ 어디
□ 登山服 등산복
□ 歳 나이
□ 歳をとる 나이를 먹다 , 나이가 들다
□ トッポッキ 떡볶이
□ とても、あまりにも 너무
□ となり、 옆
□ どのくらい 얼마나
□ 止まる 멈추다
□ 止める、立てる、建てる 세우다
□ 友達 친구
□ 土曜日 토요일
□ ドライブ 드라이브
□ ドラマ 드라마
□ 取り出す 빼다

な

□ ない、いない 없다
□ ナイフ(刃物) 칼
□ 中、内部、内、奥(主に3次元の内部、具体的な名詞) 속

日本語引き 単語帳

□ 中、内部(主に1次元・2次元、抽象的な名詞)	안
□ 長い間、じっくり	오랫동안
□ 長生き(直:長寿)	장수
□ 泣く	울다
□ 無くなる	없어지다
□ 情けない	한심하다
□ 成す、遂げる	이루다
□ なぜ	왜
□ 名前	이름
□ 生クリーム	생크림
□ 悩む	고민하다
□ 習う、学ぶ	배우다
□ なる	되다
□ 鳴る	울리다
□ 何号線	몇 호선
□ なんでも	뭐든지
に	
□ ～に(敬語)	～께
□ 肉、身	살
□ 濁りがない	맑다
□ 偽物	가짜
□ ニックネーム	별명
□ 日本語	일본어
□ 人気	인기
□ 人形	인형
ぬ	
□ 抜かす(とばす)	거르다
□ 抜き出す、引く、取り出す	빼다
□ ぬる	바르다
ね	
□ 願い	소원
□ 願う	바라다
□ 眠い	졸리다
□ 眠り込む、眠る	잠이 들다
□ 眠る	졸다
□ 寝る	자다
□ 寝る	잠(을) 자다
□ 念願	소원
の	
□ ノートパソコン	노트북
□ 臨む	임하다
□ のど、首	목
□ のど自慢	노래자랑
□ 登る	오르다
□ 飲み屋	술집
□ 飲む	마시다
□ ～のように	～처럼
□ 乗り換える	갈아타다
□ 乗る	타다
は	
□ 歯	이
□ 入って行く	들어가다
□ 入ってくる	들어오다
□ 俳優	배우
□ 歯ぎしりをする	이를 갈다
□ 爆弾酒	폭탄주
□ 箸	젓가락
□ 始まる	시작하다
□ 初めて	처음
□ 始める	시작하다
□ 走る	달리다
□ 肌	피부
□ 20歳	스무살
□ 発生する	발생하다
□ 発展する	발전하다
□ 花	꽃
□ 話	얘기 (이야기の縮約)
□ 話	이야기
□ 話し合う	대화를 나누다
□ 話す	이야기하다
□ 話にならない	말이 안되다
□ 話をそらす	말 돌리다
□ 話す、語り合う	이야기를 나누다
□ 花火祝祭	불꽃축제
□ ハニー、ダーリン	자기야
□ 早い、速い	빠르다
□ 早く	빨리
□ 早く、早めに	일찍
□ バレーボール	배구
□ 番	번
□ ハンサムだ	잘 생기다

ひ

□ 日	날
□ ピアノ	피아노
□ 冷える	식다
□ 低くする	낮추다
□ 飛行機	비행기
□ 飛行機のチケット	비행기표
□ 美人	미인
□ ビタミン剤	비타민제
□ 左	왼쪽
□ びっくりさせる(驚かす)	깜짝 놀래다
□ びっくりする(驚かされる)	깜짝 놀라다
□ 必要だ	필요하다
□ 人	사람
□ 人、他人	남
□ 一つも、少しも	하나도
□ 1人	혼자
□ 皮膚、はだ	피부
□ 暇だ	한가하다
□ 日焼け止め	자외선 차단제
□ ビュッフェ	뷔페
□ 美容室	미용실
□ 昼ごはん	점심 (식사)
□ 昼寝	낮잠
□ 広い	넓다
□ 品質	품질

ふ

□ ファックス	팩스
□ ファッション	패션
□ 増える	불어나다
□ 拭く	닦다
□ 服	옷
□ 不合格	불합격
□ ふたたび	다시
□ 太る	찌다
□ 父母	부모
□ 振り込め詐欺	보이스피싱
□ プレゼント	선물
□ 雰囲気	분위기
□ 文化	문화

へ

□ ヘトヘトになる	지치다
□ 部屋	방
□ ベランダ	베란다
□ 勉強する	공부하다
□ 変だ	이상하다
□ 変になる	미치다
□ 返品	반품
□ 便利だ	편리하다
□ 便利だ、楽だ	편하다

ほ

□ 帽子	모자
□ 放送	방송
□ 包丁	칼
□ 訪問する	방문하다
□ ボールペン	볼펜
□ 他の	다른
□ 保険	보험
□ 保険に入る	보험에 들다
□ 保護する	보호하다
□ ポジャギ、風呂敷、ものを包む布	보자기
□ ボタン	버튼
□ 本	책
□ ホンサム(紅参)	홍삼
□ 本当(に)	정말 , 진짜
□ 本部長	본부장

ま

□ 毎日	매일
□ 負ける	지다
□ 孫	손자
□ 増す	불어나다
□ また	다시
□ まだ	아직
□ 間違いない	틀림없다
□ 待つ	기다리다
□ ～まで	~ 까지
□ 窓口	창구
□ 学ぶ、習う	배우다
□ 守る(直:保護する)	보호하다
□ 回す	돌리다
□ 回らせる	돌리다
□ 回る	돌다
□ 満一歳の誕生日のお祝いの披露宴	돌잔치

み	
□ 磨く	닦다
□ 右	오른쪽
□ 見違える	몰라보다
□ 見つめる	바라보다
□ 見つめる	쳐다보다
□ 身分証明書	신분증명서
□ 魅力的	매력적
□ 見る	보다
□ みんな	다들
□ みんな	다
む	
□ 向かいあう	대하다
□ 昔	옛날
□ 難しい	어렵다
□ 娘	딸
□ 夢中になる	취하다
□ むやみに	괜히 (공연히の縮約形)
□ 無理に	굳이
め	
□ 目	눈
□ 眼鏡	안경
□ メガネをかける	안경을 쓰다
□ 召し上がる	드시다
□ メダル	메달
□ メダルをとる	메달을 따다
□ 目つき、目の輝き	눈빛
□ メニュー	메뉴
□ 目鼻立ち	이목구비
□ 免除される	면제되다
□ 面接を受ける	면접(을)보다
も	
□ 申し訳ない	죄송하다
□ もうすぐ、今	이제
□ もっと	더
□ モデル	모델
□ 戻る、戻ってくる	돌아오다
□ 物事	일
□ 問題	문제
や	
□ 野球	야구
□ 約束する	약속하다
□ 野菜	야채
□ 易しい	쉽다
□ 優しい	친절하다
□ 休む	쉬다
□ やせる	살(을)빼다
(体重を減らす	체중을 줄이다)
□ やっと	드디어
□ 山	산
□ やめる、切る	끊다
□ やめる	그만하다
ゆ	
□ 有害である	해롭다
□ 友情	우정
□ 夕立ち	소나기
□ 誘惑	유혹
□ 浴衣	유카타
□ ゆっくり	천천히
□ ゆっくり、安らかに	편히
□ 指輪	반지
□ 夢	꿈
□ 許す	용서하다
よ	
□ 良い	좋다
□ 酔う	취하다
□ 用事	일
□ 幼稚だ	유치하다
□ よく	잘
□ よくなる	좋아지다
□ 余計な肉を落とす、やせる	살(을)빼다
□ 横	옆
□ 世の中	세상
□ 読む	읽다
□ 息子の嫁	며느리
□ 予約する	예약하다
□ 予約録画	예약녹화
□ ～より	~보다
□ 寄る	들르다
□ 夜	밤
□ 喜ぶ	기뻐하다
□ 宜しく伝える	안부(를) 전하다
ら	
□ 来年	내년

□ 楽だ	편하다
り	
□ 理解する	이해하다
□ 利口だ	착하다
□ 離婚する	이혼하다
□ 理想(形)	이상형
□ リビングルーム	거실
□ 留学する(直訳:留学行く)	유학가다
□ 量	양
□ 両親	부모
□ 利用する	이용하다
□ 料理	요리
□ 旅行会社	여행사
れ	
□ 冷蔵庫	냉장고
□ レストラン	레스토랑
□ 連絡する	연락하다
ろ	
□ ロマンチック	로맨틱
わ	
□ 若い、幼い	어리다
□ 我が家	우리집
□ 分からない	모르다
□ 分かる、知る	알다
□ 別れる	헤어지다
□ 分ける	나누다
□ 忘れる	잊다
□ 私達、われわれ	우리
□ 私の	제 (저의の縮約)
□ 悪い	나쁘다
□ 悪口を言う	욕하다

【著者プロフィール】

白　姫恩（ペク・ヒウン）**백 희은**

ソウル生まれ、崇実大学校貿易学科卒業。大阪大学大学院言語文化研究科修士（言語文化学専門）。韓国国民銀行（KB 銀行）、大学文化新聞社での勤務を経て来日。日本語能力試験 1 級取得。TV 誌のＮＨＫハングル講座特集ページの解説、日韓両国での様々な国際イベント企画、TV 出演、ラジオのインタビュー出演・通訳出演などメディアでも活躍中！日本一の歴史を誇る韓国語弁論大会（2011 年～現在）（主催：韓国大阪青年会議所・ソウル青年会議所）審査委員も務めている。

その他、韓国文化講演活動や韓国旅行企画の活動も行っている。また、優秀学習者の学習ストラテジー・スピーキング能力を中心に研究を行っている。

【現在】

・NHK カルチャーセンター梅田教室　講師
・大阪商業大学総合交流支援課　韓国語講師
・情熱『白』先生　韓国語教室　代表講師
・韓国語ナレーター

【著書】

新版『口を鍛える韓国語作文―語尾習得メソッド―初級編』（コスモピア）

新版『口を鍛える韓国語作文―語尾習得メソッド―上級編』（コスモピア）

『韓国語のきほんドリル』（国際語学社）
『韓国語のきほんドリル　ステップアップ編』（国際語学社）
『韓流スターのファンミーティング・インタビューで学ぶ韓国語』（国際語学社）など

【専門分野】

・教材開発・韓国語教育・第２言語教育・国際交流

■韓国語講師：情熱「白」先生！！のアツアツ韓国世界
http://blog.livedoor.jp/baeksensei/
■ Twitter：@baeksensei100
■ Instagram：@baeksensei100
■ YouTube：『BAEKsenseiTV』『情熱白先生』で検索

【新版】口を鍛える韓国語作文
―語尾習得メソッド― 中級編

2020 年 8 月 5 日　初版発行
2021 年 9 月 8 日　第 2 刷発行

著者．白　姫恩

韓国語ナレーション：白　姫恩
協力：新田 義浩

発行人：坂本由子
発行所：コスモピア株式会社
〒 151-0053　東京都渋谷区代々木 4-36-4　MC ビル 2F
営業部：TEL: 03-5302-8378 email: mas@cosmopier.com
編集部：TEL: 03-5302-8379 email: editorial@cosmopier.com

https://www.cosmopier.com/　[コスモピア・全般]
https://e-st.cosmopier.com/　[コスモピア e ステーション]
https://www.e-ehonclub.com/　[英語の絵本クラブ]

印刷・製本：シナノ印刷株式会社